Mükemmel Pişirme Sanatı

Sous Vide Mutfağına Yolculuk

Eren Duru

İçindekiler

Tatlı Ekşi Tavuk Kanatları

Hazırlık + Pişirme Süresi: 2 saat 15 dakika | Porsiyon: 2

İçindekiler

12 tavuk kanadı

Tatmak için tuz ve karabiber

1 su bardağı tavuk kızartma karışımı

½ bardak su

½ bardak tamari sosu

½ kıyılmış soğan

5 diş sarımsak, kıyılmış

2 çay kaşığı zencefil tozu

2 yemek kaşığı esmer şeker

¼ bardak mirin

Garnitür için susam tohumları

Mısır nişastası bulamacı (1 yemek kaşığı mısır nişastası ve 2 yemek kaşığı su karıştırılmış)

Kızartmak için zeytinyağı

Talimatlar

Bir su banyosu hazırlayın ve içine Sous Vide'yi yerleştirin. 147 F'ye ayarlayın.

Tavuk kanatlarını vakumlu bir torbaya koyun ve tuz ve karabiberle tatlandırın. Su değiştirme yöntemiyle havayı serbest bırakın, torbayı kapatın ve su banyosuna daldırın. 2 saat pişirin. Zamanlayıcı durduğunda torbayı çıkarın. Bir kızartma tavasını yağla ısıtın.

Bir kapta 1/2 bardak kızartma karışımını ve 1/2 bardak suyu birleştirin. Kalan kızartma karışımını başka bir kaseye dökün. Kanatları önce ıslak karışıma, sonra kuru karışıma batırın. Çıtır ve altın rengi kahverengi olana kadar 1-2 dakika kızartın.

Sos için bir tencereyi ısıtın ve tüm malzemeleri dökün; köpürene kadar pişirin. Kanatları karıştırın. Üzerine susam serpip servis yapın.

Narenciye Tavuk Göğsü

Hazırlık + Pişirme Süresi: 3 saat | Porsiyon: 2

İçindekiler

1½ yemek kaşığı taze sıkılmış portakal suyu

1½ yemek kaşığı taze sıkılmış limon suyu

1½ yemek kaşığı esmer şeker

1 yemek kaşığı Pernod

1 yemek kaşığı zeytinyağı

1 yemek kaşığı tam tahıl

1 çay kaşığı kereviz tohumu

Tatmak için tuz

¾ çay kaşığı karabiber

2 tavuk göğsü, kemikli, derili

1 rezene, kesilmiş, dilimlenmiş

2 clementines, soyulmamış ve dilimlenmiş

Kıyılmış dereotu

Talimatlar

Bir su banyosu hazırlayın ve içine Sous Vide'yi yerleştirin. 146 F'ye ayarlayın.

Bir kasede limon suyu, portakal suyu, Pernod, zeytinyağı, kereviz tohumu, esmer şeker, hardal, tuz ve karabiberi birleştirin. İyice karıştırın. Tavuk göğsünü, dilimlenmiş clementine'i ve dilimlenmiş rezeneyi vakumla kapatılabilen bir torbaya koyun. Portakallı karışımı ekleyin. Su değiştirme yöntemiyle havayı serbest bırakın, torbayı kapatın ve su banyosuna daldırın. 2 saat 30 dakika pişirin. Zamanlayıcı durduktan sonra torbayı çıkarın ve içindekileri bir kaseye aktarın. Tavuğu boşaltın ve pişirme suyunu ısıtılmış bir tencereye koyun.

Kabarcıklar oluşana kadar yaklaşık 5 dakika pişirin. Çıkarın ve tavuğun içine yerleştirin. 6 dakika kadar kahverengileşene kadar pişirin. Tavukları servis tabağına alın ve sosla süsleyin. Dereotu ve rezene yapraklarıyla süsleyin.

Enginar Dolması Tavuk

Hazırlık + Pişirme Süresi: 3 saat 15 dakika | Porsiyon: 6

İçindekiler:

2 pound tavuk göğsü filetosu, kelebek kesilmiş

½ su bardağı doğranmış bebek ıspanak

8 diş sarımsak, ezilmiş

10 adet enginar kalbi

Tatmak için tuz ve beyaz biber

4 yemek kaşığı zeytinyağı

Talimatlar:

Enginar, biber ve sarımsağı mutfak robotunda birleştirin. Tamamen pürüzsüz olana kadar karıştırın. Tekrar nabız atın ve iyice birleşene kadar yavaş yavaş yağ ekleyin.

Her göğsün içini eşit miktarda enginar karışımı ve doğranmış bebek ıspanakla doldurun. Göğüs filetosunu tekrar katlayın ve kenarını tahta bir şişle sabitleyin. Tuz ve beyaz biberle tatlandırın ve ayrı vakumlu torbalara aktarın. Torbaları kapatın ve Sous Vide'de 149 F'de 3 saat pişirin.

Çıtır Tavuk Pastırma Dürüm

Hazırlık + Pişirme Süresi: 3 saat 15 dakika | Porsiyon: 2

İçindekiler

1 tavuk göğsü

2 şerit pancetta

2 yemek kaşığı Dijon hardalı

1 yemek kaşığı rendelenmiş Pecorino Romano peyniri

Talimatlar

Bir su banyosu hazırlayın ve içine Sous Vide'yi yerleştirin. 146 F'ye ayarlayın. Tavuğu tuzla birleştirin. Her iki tarafı da Dijon hardalı ile marine edilmiş. Üzerine Pecorino Romano Peyniri ekleyin ve pancetta'yı tavuğun etrafına sarın.

Vakumla kapatılabilen bir torbaya yerleştirin. Su değiştirme yöntemiyle havayı serbest bırakın, torbayı kapatın ve su banyosuna daldırın. 3 saat pişirin. Zamanlayıcı durduktan sonra tavuğu çıkarın ve kurulayın. Tavayı orta ateşte ısıtın ve kızarana kadar kızartın.

Güneşte Kurutulmuş Domatesli Tavuk

Hazırlık + Pişirme Süresi: 1 saat 15 dakika | Porsiyon: 3

İçindekiler:

1 kiloluk tavuk göğsü, derisiz ve kemiksiz

½ su bardağı güneşte kurutulmuş domates

1 çay kaşığı çiğ bal

2 yemek kaşığı taze limon suyu

1 yemek kaşığı taze nane, ince doğranmış

1 yemek kaşığı kıyılmış arpacık soğanı

1 yemek kaşığı zeytinyağı

Tatmak için tuz ve karabiber

Talimatlar:

Tavuk göğüslerini soğuk akan su altında durulayın ve bir mutfak kağıdıyla kurulayın. Bir kenara koyun.

Orta boy bir kapta limon suyu, bal, nane, arpacık soğanı, zeytinyağı, tuz ve karabiberi birleştirin. İyice birleşene kadar birlikte karıştırın. Tavuk göğüslerini ve güneşte kurutulmuş domatesleri ekleyin. Her şeyin iyice kaplanması için çalkalayın. Hepsini vakumla kapatılabilen büyük bir torbaya aktarın. Havayı çıkarmak ve kapağı kapatmak için torbaya bastırın. Sous Vide'yi 1 saat boyunca 167 F'de pişirin. Su banyosundan çıkarın ve hemen servis yapın.

Soya Soslu Sebzeli Tavuk.

Hazırlık + Pişirme Süresi: 6 saat 25 dakika | Porsiyon: 4

İçindekiler

1 bütün kemikli tavuk, kafeslenmiş

1 litre düşük sodyumlu tavuk suyu

2 yemek kaşığı soya sosu

5 dal taze adaçayı

2 adet kurutulmuş defne yaprağı

2 su bardağı dilimlenmiş havuç

2 su bardağı dilimlenmiş kereviz

½ ons kurutulmuş mantar

3 yemek kaşığı tereyağı

Talimatlar

Bir su banyosu hazırlayın ve içine Sous Vide'yi yerleştirin. 149 F'ye ayarlayın.

Soya sosunu, tavuk suyunu, otları, sebzeleri ve tavuğu birleştirin. Vakumla kapatılabilen bir torbaya yerleştirin. Su değiştirme yöntemiyle havayı serbest bırakın, torbayı kapatın ve su banyosuna daldırın. 6 saat pişirin.

Zamanlayıcı durduktan sonra tavuğu çıkarın ve sebzeleri boşaltın. Bir fırın tepsisiyle kurutun. Zeytinyağı, tuz ve karabiberle tatlandırın. Fırını 450 F.'ye ısıtın ve 10 dakika kızartın. Bir tencerede pişirme suyunu karıştırın. Ateşten alıp tereyağı ile karıştırın. Tavuğu derisiz olarak dilimleyin ve kaşar tuzu ve karabiberle tatlandırın. Bir tabakta servis yapın. Sosla doldurun.

Çin Usulü Fındıklı Tavuk Salatası

Hazırlık + Pişirme Süresi: 1 saat 50 dakika | Porsiyon: 4

İçindekiler

4 büyük derisiz, kemiksiz tavuk göğsü

Tatmak için tuz ve karabiber

¼ bardak bal

¼ bardak soya sosu

3 yemek kaşığı fıstık ezmesi, eritilmiş

3 yemek kaşığı susam yağı

2 yemek kaşığı bitkisel yağ

4 çay kaşığı sirke

½ çay kaşığı füme kırmızı biber

1 baş buzdağı marul, yırtılmış

3 soğan, doğranmış

¼ bardak kıyılmış fındık, kızartılmış

¼ bardak susam tohumu, kızartılmış

2 bardak wonton şeridi

Talimatlar

Bir su banyosu hazırlayın ve içine Sous Vide'yi yerleştirin. 152 F'ye ayarlayın.

Tavuğu tuz ve karabiberle birleştirin ve vakumlu bir torbaya koyun. Su değiştirme yöntemiyle havayı serbest bırakın, torbayı kapatın ve su banyosuna daldırın. 90 dakika pişirin.

Bu arada bal, soya sosu, fıstık ezmesi, susam yağı, bitkisel yağ, sirke ve kırmızı biberi birleştirin. Pürüzsüz olana kadar karıştırın. Buzdolabında soğumaya bırakın.

Zamanlayıcı durduktan sonra tavuğu çıkarın ve mutfak havlusuyla kurulayın. Pişirme sularını atın. Tavukları küçük küçük doğrayıp salata kasesine aktarın. Marul, yeşil soğan ve fındığı ekleyin. Pansumanla doldurun. Susam tohumları ve wonton şeritleriyle süsleyin.

Biberli Tavuk Öğle Yemeği

Hazırlık + Pişirme Süresi: 1 saat 15 dakika | Porsiyon: 2

İçindekiler

1 kemiksiz tavuk göğsü, ikiye bölünmüş

Tatmak için tuz ve karabiber

zevkinize biber

1 yemek kaşığı kırmızı biber

1 yemek kaşığı sarımsak tozu

Talimatlar

Bir su banyosu hazırlayın ve içine Sous Vide'yi yerleştirin. 149 F'ye ayarlayın. Tavuğu boşaltın ve bir fırın tepsisiyle kurulayın. Sarımsak tozu, kırmızı biber, karabiber ve tuzla tatlandırın. Vakumla kapatılabilen bir torbaya yerleştirin. Su değiştirme yöntemiyle havayı serbest bırakın, kapatın ve su banyosuna daldırın. 1 saat pişirin. Zamanlayıcı durduktan sonra tavuğu çıkarın ve servis yapın.

Biberiyeli Tavuk Yahnisi

Hazırlık + Pişirme Süresi: 4 saat 15 dakika | Porsiyon: 2

İçindekiler

2 tavuk budu

6 diş sarımsak, ezilmiş

¼ çay kaşığı bütün karabiber

2 adet defne yaprağı

¼ bardak koyu soya sosu

¼ bardak beyaz sirke

1 yemek kaşığı biberiye

Talimatlar

Bir su banyosu hazırlayın ve içine Sous Vide'yi yerleştirin. 165 F'ye ayarlayın. Tavuk butlarını tüm malzemelerle birleştirin. Vakumla kapatılabilen bir torbaya yerleştirin. Su değiştirme yöntemiyle havayı serbest bırakın, kapatın ve su banyosuna daldırın. 4 saat pişirin.

Zamanlayıcı durduktan sonra tavuğu çıkarın, defne yapraklarını atın ve pişirme suyunu saklayın. Kanola yağını bir tavada orta ateşte ısıtın ve tavuğu kızartın. Pişirme suyunu ekleyin ve istediğiniz

kıvama gelinceye kadar pişirin. Sosu süzün ve tavuğun üzerine
dökün.

Mantarlı Çıtır Tavuk

Hazırlık + Pişirme Süresi: 1 saat 15 dakika | Porsiyon: 4

İçindekiler

4 kemiksiz tavuk göğsü

1 su bardağı panko ekmek kırıntısı

1 pound dilimlenmiş Portobello mantarı

Küçük bir demet kekik

2 yumurta

Tatmak için tuz ve karabiber

Tatmak için kanola yağı

Talimatlar

Bir su banyosu hazırlayın ve içine Sous Vide'yi yerleştirin. 149 F'ye ayarlayın.

Tavuğu vakumla kapatılabilen bir torbaya koyun. Tuz ve kekikle tatlandırın. Su değiştirme yöntemiyle havayı serbest bırakın, kapatın ve su banyosuna daldırın. 60 dakika pişirin.

Bu arada bir tavayı orta ateşte ısıtın. Mantarlar suyunu çekene kadar pişirin. 3-4 dal kekik ekleyin. Tuz ve karabiberle tatlandırın. Zamanlayıcı durduğunda torbayı çıkarın.

Bir kızartma tavasını orta ateşte yağla ısıtın. Panko'yu tuz ve karabiberle karıştırın. Tavuğu panko karışımına katlayın. Taraf başına 1-2 dakika kızartın. Mantarlarla servis yapın.

Balkabaklı Otlu Tavuk Yemeği

Hazırlık + Pişirme Süresi: 1 saat 15 dakika | Porsiyon: 2

İçindekiler

6 tavuk bonfile

4 su bardağı balkabağı, küp şeklinde doğranmış ve kavrulmuş

4 su bardağı roka marul

4 yemek kaşığı dilimlenmiş badem

1 limonun suyu

2 yemek kaşığı zeytinyağı

4 yemek kaşığı kırmızı soğan, doğranmış

1 yemek kaşığı kırmızı biber

1 yemek kaşığı zerdeçal

1 yemek kaşığı kimyon

Tatmak için tuz

Talimatlar

Bir su banyosu hazırlayın ve içine Sous Vide'yi yerleştirin. 138 F'ye ayarlayın.

Tavuğu ve tüm baharatları vakumlu bir torbaya koyun. Su değiştirme yöntemiyle havayı serbest bırakın, kapatın ve su banyosuna daldırın. 60 dakika pişirin.

Zamanlayıcı durduğunda torbayı çıkarın ve tavuğu sıcak bir tavaya aktarın. Her tarafını 1 dakika kadar kızartın. Bir kapta geri kalan malzemeleri birleştirin. Tavukları salatayla birlikte servis yapın.

Fıstık Ezmesi Soslu Kişnişli Tavuk

Hazırlık + Pişirme Süresi: 1 saat 40 dakika | Porsiyon: 2

İçindekiler

4 tavuk göğsü

1 poşet karışık salata

1 demet kişniş

2 salatalık

2 havuç

1 paket wonton sarmalayıcı

kızartmalık yağ

¼ bardak fıstık ezmesi

1 misket limonunun suyu

2 yemek kaşığı kıyılmış kişniş

3 diş sarımsak

2 yemek kaşığı taze zencefil

½ bardak su

2 yemek kaşığı beyaz sirke

1 yemek kaşığı soya sosu

1 çay kaşığı balık sosu

1 çay kaşığı susam yağı

3 yemek kaşığı kanola yağı

Talimatlar

Bir su banyosu hazırlayın ve içine Sous Vide'yi yerleştirin. 149 F'ye ayarlayın. Tavuğu tuz ve karabiberle tatlandırın ve vakumlu bir torbaya koyun. Su değiştirme yöntemiyle havayı serbest bırakın, torbayı kapatın ve su banyosuna daldırın. 60 dakika pişirin. Salatalığı, kişnişi ve havuçları doğrayıp salatayla birleştirin.

Bir tencereyi 350 F'ye ısıtın ve yağla doldurun. Wonton ambalajlarını parçalara ayırın ve çıtır çıtır olana kadar kızartın. Bir mutfak robotuna fıstık ezmesi, limon suyu, taze zencefil, kişniş, su, beyaz sirke, balık sosu, soya sosu, susam ve kanola yağını koyun. Pürüzsüz olana kadar karıştır.

Zamanlayıcı bittiğinde tavuğu çıkarın ve sıcak bir tavaya aktarın. Her iki tarafta 30 saniye kızartın. Wonton şeritlerini salatayla karıştırın. Tavuğu dilimleyin. Salatanın üzerine servis yapın. Pansumanla gezdirin.

Tavuk ve Pırasa Yahnisi

Hazırlık + Pişirme Süresi: 70 dakika | Porsiyon: 4

İçindekiler

6 derisiz tavuk göğsü

Tatmak için tuz ve karabiber

3 yemek kaşığı tereyağı

1 büyük pırasa, çapraz dilimlenmiş

½ bardak panko

2 yemek kaşığı kıyılmış maydanoz

1 oz. Copoundy Jack peyniri

1 yemek kaşığı zeytinyağı

Talimatlar

Bir su banyosu hazırlayın ve içine Sous Vide'yi yerleştirin. 146 F'ye ayarlayın.

Tavuk göğüslerini vakumlu bir torbaya koyun. Tuz ve karabiberle tatlandırın. Su değiştirme yöntemiyle havayı serbest bırakın, kapatın ve su banyosuna daldırın. 45 dakika pişirin.

Bu arada tavayı yüksek ateşte tereyağıyla ısıtın ve pırasayı pişirin. Tuz ve karabiberle tatlandırın. İyice karıştırın. Isıyı azaltın ve 10 dakika pişmeye bırakın.

Tavayı orta ateşte tereyağıyla ısıtın ve panko'yu ekleyin. Kızarana kadar pişirin. Bir kaseye aktarıp kaşar peyniri ve kıyılmış maydanozla birleştirin. Zamanlayıcı durduktan sonra göğüsleri çıkarın ve kurulayın. Tavayı zeytinyağıyla yüksek ateşte ısıtın ve tavukların her tarafını 1'er dakika kızartın. Pırasanın üzerine servis yapın ve panko karışımıyla süsleyin.

Hardallı Tavuk Budu

Hazırlık + Pişirme Süresi: 2 saat 30 dakika | Porsiyon: 4

İçindekiler

4 bütün tavuk budu

Tatmak için tuz ve karabiber

2 yemek kaşığı zeytinyağı

2 arpacık, ince dilimlenmiş

3 diş sarımsak, ince dilimlenmiş

½ bardak sek beyaz şarap

1 su bardağı tavuk suyu

¼ bardak tam tahıllı hardal

1 su bardağı yarım buçuk krema

1 çay kaşığı zerdeçal

2 yemek kaşığı taze tarhun, kıyılmış

1 yemek kaşığı taze kekik, kıyılmış

Talimatlar

Bir su banyosu hazırlayın ve içine Sous Vide'yi yerleştirin. 172 F'ye ayarlayın. Tavuğu tuz ve karabiberle tatlandırın. Zeytinyağını bir tavada yüksek ateşte ısıtın ve tavuk bacaklarını 5-7 dakika kızartın. Bir kenara koyun.

Aynı tavaya arpacık soğanı ve sarımsağı ekleyin. 5 dakika pişirin. Beyaz şarabı ekleyin ve köpürene kadar 2 dakika pişirin. Çıkarıp tavuk suyunu ve hardalı dökün.

Hardal sosunu tavukla birleştirin ve vakumlu bir torbaya koyun. Su değiştirme yöntemiyle havayı serbest bırakın, kapatın ve su banyosuna daldırın. 2 saat pişirin.

Zamanlayıcı durduğunda torbayı çıkarın, tavuğu ayırın ve pişirme sıvılarını ayırın. Isıtılmış bir tencereye pişirme sıvılarını ve yarım buçuk kremayı koyun. Kabarcıklaşana ve yarısı buharlaşana kadar pişirin. Ateşten alın ve tarhun, zerdeçal, kekik ve tavuk budu birleştirin. İyice karıştırın. Tuz ve karabiber serpip servis yapın.

Nohutlu Peynirli Tavuk Salatası

Hazırlık + Pişirme Süresi: 1 saat 30 dakika | Porsiyon: 2

İçindekiler

6 adet tavuk göğsü bonfile, kemiksiz, derisiz

4 yemek kaşığı zeytinyağı

2 yemek kaşığı acı sos

1 çay kaşığı öğütülmüş kimyon

1 çay kaşığı açık kahverengi şeker

1 çay kaşığı öğütülmüş tarçın

Tatmak için tuz ve karabiber

1 kutu süzülmüş nohut

½ su bardağı ufalanmış beyaz peynir

½ bardak ufalanmış queso fresk peyniri

½ bardak yırtılmış fesleğen

½ su bardağı taze çekilmiş nane

4 çay kaşığı çam fıstığı, kızartılmış

2 çay kaşığı bal

2 çay kaşığı taze sıkılmış limon suyu

Talimatlar

Bir su banyosu hazırlayın ve içine Sous Vide'yi yerleştirin. 138 F'ye ayarlayın. Tavuk göğüslerini, 2 yemek kaşığı zeytinyağını, acı sosu, esmer şekeri, kimyonu ve tarçını vakumlu bir torbaya koyun. Tuz ve karabiberle tatlandırın. Su değiştirme yöntemiyle havayı serbest bırakın, torbayı kapatın ve su banyosuna daldırın. 75 dakika pişirin.

Bu arada nohut, fesleğen, queso fresk, nane ve çam fıstıklarını bir kasede birleştirin. Bal, limon suyu ve 2 yemek kaşığı zeytinyağını dökün. Tuz ve karabiberle tatlandırın. Zamanlayıcı durduktan sonra tavuğu çıkarın ve küçük parçalar halinde doğrayın. Pişirme sularını atın. Salatayı ve tavuğu karıştırın, iyice karıştırın ve servis yapın.

Katmanlı Peynirli Tavuk

Hazırlık + Pişirme Süresi: 60 dakika | Porsiyon: 2

İçindekiler

2 tavuk göğsü, kemiksiz, derisiz

Tatmak için tuz ve karabiber

2 çay kaşığı tereyağı

4 bardak marul

1 büyük domates, dilimlenmiş

1 ons kaşar peyniri, dilimlenmiş

2 yemek kaşığı kırmızı soğan, doğranmış

Taze fesleğen yaprakları

1 yemek kaşığı zeytinyağı

Servis için 2 dilim limon

Talimatlar

Bir su banyosu hazırlayın ve içine Sous Vide'yi yerleştirin. 146 F'ye ayarlayın.

Tavuğu vakumla kapatılabilen bir torbaya koyun. Tuz ve karabiberle tatlandırın. Su değiştirme yöntemiyle havayı serbest bırakın, torbayı kapatın ve su banyosuna daldırın. 45 dakika pişirin.

Zamanlayıcı durduktan sonra tavuğu çıkarın ve pişirme suyunu atın. Bir tavayı yüksek ateşte tereyağıyla ısıtın. Tavukları kızarana kadar kızartın. Servis tabağına aktarın. Marulu tavuğun arasına koyun ve üzerine domates, kırmızı soğan, kaşar peyniri ve fesleğeni ekleyin. Zeytinyağı, tuz ve karabiber serpin. Limon dilimleri ile servis yapın.

Çin Usulü Tavuk

Hazırlık + Pişirme Süresi: 1 saat 35 dakika | Porsiyon: 6

İçindekiler

1½ pound tavuk göğsü, kemiksiz ve derisiz

¼ bardak soğan, ince doğranmış

2 yemek kaşığı Worcestershire sosu

1 yemek kaşığı bal

1 çay kaşığı susam yağı

1 diş sarımsak, kıyılmış

¾ çay kaşığı Çin beş baharat tozu

Talimatlar

Bir su banyosu hazırlayın ve içine Sous Vide'yi yerleştirin. 146 F'ye ayarlayın.

Tavuğu, soğanı, balı, Worcestershire sosunu, susam yağını, sarımsağı ve beş baharatı vakumla kapatılabilen bir torbaya koyun. Su değiştirme yöntemiyle havayı serbest bırakın, torbayı kapatın ve su banyosuna daldırın. 75 dakika pişirin. Bir tavayı orta ateşte ısıtın. Zamanlayıcı durduktan sonra torbayı çıkarın ve tavaya koyun. Altın kahverengi olana kadar 5 dakika kızartın. Tavukları madalyon şeklinde doğrayın.

Kekikli Tavuk Köfte

Hazırlık + Pişirme Süresi: 2 saat 20 dakika | Porsiyon: 4

İçindekiler

1 kiloluk öğütülmüş tavuk

1 yemek kaşığı zeytinyağı

2 diş sarımsak, kıyılmış

1 çay kaşığı taze kekik, kıyılmış

Tatmak için tuz

1 yemek kaşığı kimyon

½ çay kaşığı rendelenmiş limon kabuğu rendesi

½ çay kaşığı karabiber

¼ bardak panko galeta unu

limon dilimleri

Talimatlar

Bir su banyosu hazırlayın ve içine Sous Vide'yi yerleştirin. 146 F'ye ayarlayın. Bir kasede öğütülmüş tavuk, sarımsak, zeytinyağı, kekik, limon kabuğu rendesi, kimyon, tuz ve karabiberi birleştirin. Ellerinizi kullanarak en az 14 köfte yapın. Köfteleri vakumlu bir torbaya koyun. Su değiştirme yöntemiyle havayı serbest bırakın, torbayı kapatın ve su banyosuna daldırın. 2 saat pişirin.

Zamanlayıcı durduğunda torbayı çıkarın ve köfteleri folyoyla kaplı bir fırın tepsisine aktarın. Tavayı orta ateşte ısıtın ve köfteleri 7 dakika kızartın. Üstüne limon dilimleri koyun.

Pirinç ve Berry Yüklü Cornish Tavuğu

Hazırlık + Pişirme Süresi: 4 saat 40 dakika | Porsiyon: 2

İçindekiler

2 bütün Cornish av tavuğu

4 yemek kaşığı tereyağı artı 1 yemek kaşığı ekstra

2 bardak shitake mantarı, ince dilimlenmiş

1 su bardağı pırasa, ince doğranmış

¼ bardak ceviz, doğranmış

1 yemek kaşığı taze kekik, kıyılmış

1 su bardağı pişmiş yabani pirinç

¼ bardak kurutulmuş kızılcık

1 yemek kaşığı bal

Talimatlar

Bir su banyosu hazırlayın ve içine Sous Vide'yi yerleştirin. 149 F'ye ayarlayın.

4 yemek kaşığı tereyağını orta ateşte bir tavada ısıtın, eridikten sonra mantar, kekik, pırasa ve cevizleri ekleyin. 5-10 dakika pişirin. Pirinç ve kızılcıkları koyun. Isıdan çıkarın. 10 dakika soğumaya bırakın. Tavuk boşluklarını karışımla doldurun. Bacakları bağlayın.

Tavukları vakumlu bir torbaya koyun. Su değiştirme yöntemiyle havayı boşaltın, kapatın ve torbayı banyoya daldırın. 4 saat pişirin. Bir tavayı yüksek ateşte ısıtın. Bir kapta bal ve 1 yemek kaşığı eritilmiş tereyağını birleştirin. Tavukların üzerine dökün. Tavukları 2 dakika kavurup servis yapın.

Satrançlı Rulo Tavuk

Hazırlık + Pişirme Süresi: 1 saat 45 dakika | Porsiyon: 2

İçindekiler

1 tavuk göğsü

¼ bardak krem peynir

¼ bardak jülyen doğranmış közlenmiş kırmızı biber

½ bardak gevşek paketlenmiş roka

6 dilim jambon

Tatmak için tuz ve karabiber

1 yemek kaşığı yağ

Talimatlar

Bir su banyosu hazırlayın ve içine Sous Vide'yi yerleştirin. 155 F'ye ayarlayın. Tavuğu boşaltın ve ince bir kıvam alana kadar çırpın. Daha sonra ikiye bölün ve tuz ve karabiberle tatlandırın. Üzerine 2 yemek kaşığı krem peyniri yayıp közlenmiş kırmızı biber ve rokayı ekleyin.

Göğüsleri suşi gibi yuvarlayın ve 3 kat prosciutto koyup göğüsleri yuvarlayın. Vakumla kapatılabilen bir torbaya yerleştirin. Su değiştirme yöntemiyle havayı serbest bırakın, kapatın ve su banyosuna daldırın. 90 dakika pişirin. Zamanlayıcı durduktan sonra tavuğu torbadan çıkarın ve kızartın. Minik dilimleyip servis yapın.

Naneli Tavuk ve Bezelye Salatası

Hazırlık + Pişirme Süresi: 1 saat 30 dakika | Porsiyon: 2

İçindekiler

6 adet tavuk göğsü bonfile, kemiksiz

4 yemek kaşığı zeytinyağı

Tatmak için tuz ve karabiber

2 bardak kar bezelye, beyazlatılmış

1 su bardağı taze doğranmış nane

½ bardak ufalanmış queso fresk peyniri

1 yemek kaşığı taze sıkılmış limon suyu

2 çay kaşığı bal

2 çay kaşığı kırmızı şarap sirkesi

Talimatlar

Bir su banyosu hazırlayın ve içine Sous Vide'yi yerleştirin. 138 F'ye ayarlayın.

Tavuğu zeytinyağıyla birlikte vakumlu bir torbaya koyun. Tuz ve karabiberle tatlandırın. Su değiştirme yöntemiyle havayı serbest bırakın, torbayı kapatın ve su banyosuna daldırın. 75 dakika pişirin.

Bir kapta bezelye, queso fresk ve naneyi birleştirin. Limon sularını, kırmızı şarap sirkesini, balı ve 2 yemek kaşığı zeytinyağını karıştırın. Tuz ve karabiberle tatlandırın.

Hazır olduktan sonra tavuğu çıkarın ve lokmalara bölün. Pişirme sıvılarını atın. Sert.

Mantarlı Krema Soslu Otlu Tavuk

Hazırlık + Pişirme Süresi: 4 saat 15 dakika | Porsiyon: 2

İçindekiler

<u>Tavuk için</u>

2 derisiz kemiksiz tavuk göğsü

Tatmak için tuz

1 yemek kaşığı dereotu

1 yemek kaşığı zerdeçal

1 çay kaşığı bitkisel yağ

<u>Sos için</u>

3 doğranmış arpacık

2 diş doğranmış sarımsak

1 çay kaşığı zeytinyağı

2 yemek kaşığı tereyağı

1 su bardağı dilimlenmiş mantar

2 yemek kaşığı porto şarabı

½ bardak tavuk suyu

1 su bardağı keçi peyniri

¼ çay kaşığı kırık karabiber

Talimatlar

Bir su banyosu hazırlayın ve içine Sous Vide'yi yerleştirin. 138 F'ye ayarlayın. Tuz ve karabiberle tatlandırılmış tavuğu vakumlu bir torbaya koyun. Su değiştirme yöntemiyle havayı serbest bırakın, torbayı kapatın ve su banyosuna daldırın. 4 saat pişirin.

Zamanlayıcı durduktan sonra torbayı çıkarın ve bir buz banyosuna aktarın. Soğumaya bırakın ve kurulayın. Bir kenara koyun. Yağı bir tavada yüksek ateşte ısıtın, arpacık soğanı ekleyin ve 2-3 dakika pişirin. Tereyağı, dereotu, zerdeçal ve sarımsağı ekleyip 1 dakika daha pişirin. Mantarları, şarabı ve et suyunu ekleyin. 2 dakika pişirin, ardından kremayı dökün. Sos koyulaşana kadar pişirmeye devam edin. Tuz ve karabiberle tatlandırın. Izgarayı duman çıkana kadar ısıtın. Tavuğu yağla yağlayın ve her iki tarafını da 1'er dakika kızartın. Sosla doldurun.

gevrek kızarmış tavuk

Hazırlık + Pişirme Süresi: 2 saat | Porsiyon: 4

İçindekiler

8 tavuk budu

Tatmak için tuz ve karabiber

Islak Karışım İçin

2 bardak soya sütü

1 yemek kaşığı limon suyu

Kuru Karışım İçin

1 su bardağı un

1 su bardağı pirinç unu

½ bardak mısır nişastası

2 yemek kaşığı kırmızı biber

1 yemek kaşığı zencefil

Tatmak için tuz ve karabiber

Talimatlar

Bir su banyosu hazırlayın ve içine Sous Vide'yi yerleştirin. 154 F'ye ayarlayın. Biber ve tuzla tatlandırılmış tavuğu vakumlu bir torbaya koyun. Su değiştirme yöntemiyle havayı serbest bırakın, kapatın ve su banyosuna daldırın. 1 saat pişirin.

Zamanlayıcı durduğunda torbayı çıkarın. 15 dakika soğumaya bırakın. Yağlı bir tavayı 400-425 F'nin üzerinde ısıtın. Islak karışımı elde etmek için soya sütünü ve limon suyunu bir kasede birleştirin. Başka bir kapta kuru karışımı elde etmek için protein ununu, pirinç ununu, mısır nişastasını, zencefili, kırmızı biberi, tuzu ve karabiberi çırpın.

Tavukları önce kuru karışıma, sonra ıslak karışıma batırın. 2-3 kez daha tekrarlayın. Bir fırın rafına yerleştirin. Tavuk bitene kadar işlemi tekrarlayın. Tavukları 3-4 dakika kızartın. Bir kenara koyun, 10-15 dakika soğumalarını bekleyin. Üzerine limon dilimleri ve sos ekleyin.

Bademli Yeşil Tavuk Salatası

Hazırlık + Pişirme Süresi: 95 dakika | Porsiyon: 2

İçindekiler

2 tavuk göğsü, derisiz

Tatmak için tuz ve karabiber

1 su bardağı badem

1 yemek kaşığı zeytinyağı

2 yemek kaşığı şeker

4 kırmızı biber, ince dilimlenmiş

1 diş sarımsak, soyulmuş

3 yemek kaşığı balık sosu

2 çay kaşığı taze sıkılmış limon suyu

1 bardak kişniş, doğranmış

1 soğan, ince dilimlenmiş

1 sap limon otu, sadece beyaz kısmı, dilimlenmiş

1 adet 2 inçlik zencefil, jülyen doğranmış

Talimatlar

Bir su banyosu hazırlayın ve içine Sous Vide'yi yerleştirin. 138 F'ye ayarlayın. Tuz ve karabiberle tatlandırılmış tavuğu vakumlu bir torbaya koyun. Su değiştirme yöntemiyle havayı serbest bırakın, torbayı kapatın ve su banyosuna daldırın. 75 dakika pişirin.

60 dakika sonra zeytinyağını bir tencerede 350 F'ye ısıtın. Bademleri kuruyana kadar 1 dakika kızartın. Şekeri, sarımsağı ve kırmızı biberi çırpın. Balık sosu ve limon suyunu dökün.

Hazır olduğunuzda torbayı çıkarın ve soğumaya bırakın. Tavukları dilimler halinde kesin ve bir kaseye koyun. Pansumanı dökün ve iyice karıştırın. Kişniş, zencefil, limon otu ve kavrulmuş bademleri ekleyin. Biberle süsleyip servis yapın.

Sütlü Hindistan Cevizli Tavuk

Hazırlık + Pişirme Süresi: 75 dakika | Porsiyon: 2

İçindekiler

2 tavuk göğsü

4 yemek kaşığı hindistan cevizi sütü

Tatmak için tuz ve karabiber

Sos için

4 yemek kaşığı satay sosu

2 yemek kaşığı hindistan cevizi sütü

Bir tutam tamari sosu

Talimatlar

Bir su banyosu hazırlayın ve içine Sous Vide'yi yerleştirin. 138 F'ye ayarlayın.

Tavuğu vakumlu bir torbaya koyun ve tuz ve karabiberle tatlandırın. 4 yemek kaşığı süt ekleyin. Su değiştirme yöntemiyle havayı serbest bırakın, torbayı kapatın ve su banyosuna daldırın. 60 dakika pişirin.

Zamanlayıcı durduğunda torbayı çıkarın. Sos malzemelerini birleştirin ve mikrodalgada 30 saniye boyunca pişirin. Tavuğu dilimleyin. Bir tabakta servis yapın ve sosla süsleyin.

Roma Usulü Pastırma ve Tavuk Yemeği

Hazırlık + Pişirme Süresi: 1 saat 40 dakika | Porsiyon: 4

İçindekiler

4 küçük tavuk göğsü, kemiksiz, derisiz

8 adaçayı yaprağı

4 adet ince dilimlenmiş pastırma

Tatmak için karabiber

1 yemek kaşığı zeytinyağı

2 ons rendelenmiş fontina peyniri

Talimatlar

Bir su banyosu hazırlayın ve içine Sous Vide'yi yerleştirin. 146 F'ye ayarlayın. Tavuğu tuz ve karabiberle tatlandırın. Üstüne 2 adaçayı yaprağı ve 1 pastırma dilimi ekleyin. Bunları vakumla kapatılabilen bir torbaya koyun. Su değiştirme yöntemiyle havayı serbest bırakın, torbayı kapatın ve su banyosuna daldırın. 90 dakika pişirin.

Zamanlayıcı durduğunda torbayı çıkarın ve kurulayın. Yağı bir tavada yüksek ateşte ısıtın ve tavukları 1 dakika kızartın. Tavuğu çevirin ve üzerine 1 yemek kaşığı fontina peyniri ekleyin. Tavayı kapatın ve peynirin erimesine izin verin. Tavuğu bir tabağa alıp adaçayı yapraklarıyla süsleyerek servis yapın.

Kiraz Domates, Avokado ve Tavuk Salatası

Hazırlık + Pişirme Süresi: 1 saat 30 dakika | Porsiyon: 2

İçindekiler

1 tavuk göğsü

1 avokado, dilimlenmiş

10 adet ikiye bölünmüş kiraz domates

2 su bardağı doğranmış marul

2 yemek kaşığı zeytinyağı

1 yemek kaşığı limon suyu

1 diş sarımsak, ezilmiş

Tatmak için tuz ve karabiber

2 çay kaşığı akçaağaç şurubu

Talimatlar

Bir su banyosu hazırlayın ve içine Sous Vide'yi yerleştirin. 138 F'ye ayarlayın. Tavuğu vakumla kapatılabilen bir torbaya koyun. Tuz ve karabiberle tatlandırın. Su değiştirme yöntemiyle havayı serbest bırakın, torbayı kapatın ve su banyosuna daldırın. 75 dakika pişirin.

Zamanlayıcı durduktan sonra tavuğu çıkarın. Yağı bir tavada orta ateşte ısıtın. Göğüsleri 30 saniye kızartın ve dilimleyin. Bir kapta sarımsak, limon suyu, akçaağaç şurubu ve zeytinyağını birleştirin. Marul, kiraz domates ve avokadoyu ekleyin. İyice karıştırın. Salatayı tabaklara koyun ve üzerine tavuk ekleyin.

Acılı Tavuk

Hazırlık + Pişirme Süresi: 2 saat 15 dakika | Porsiyon: 2

İçindekiler

4 tavuk budu

2 yemek kaşığı zeytinyağı

Tatmak için tuz ve karabiber

1 diş sarımsak, ezilmiş

3 yemek kaşığı balık sosu

¼ bardak limon suyu

1 yemek kaşığı şeker

3 yemek kaşığı fesleğen, doğranmış

3 yemek kaşığı kişniş, doğranmış

2 kırmızı biber (çekirdeği çıkarılmış), doğranmış

1 yemek kaşığı tatlı biber sosu

1 yemek kaşığı yeşil biber sosu

Talimatlar

Bir su banyosu hazırlayın ve içine Sous Vide'yi yerleştirin. 149 F'ye ayarlayın. Tavuğu streç filme sarın ve soğumaya bırakın. Zeytinyağı, tuz ve karabiberle birlikte vakumlu bir torbaya koyun. Su değiştirme yöntemiyle havayı serbest bırakın, torbayı kapatın ve su banyosuna daldırın. 2 saat pişirin.

Zamanlayıcı durduktan sonra tavuğu çıkarın ve 4-5 parçaya bölün. Sebze yağını bir tavada orta ateşte ısıtın ve kızarana kadar kızartın. Bir kapta tüm sos malzemelerini birleştirin ve bir kenara koyun. Tavuğu servis edin, tuzlayın ve üzerine sos ekleyin.

Bal Aromalı Tavuk Kanatları

Hazırlık + Pişirme Süresi: 135 dakika | Porsiyon: 2

İçindekiler

¾ çay kaşığı soya sosu

¾ çay kaşığı pirinç şarabı

¾ çay kaşığı bal

¼ çay kaşığı beş baharat

6 tavuk kanadı

½ inç taze zencefil

½ inç öğütülmüş topuz

1 diş sarımsak, kıyılmış

Servis için dilimlenmiş soğan

Talimatlar

Bir su banyosu hazırlayın ve içine Sous Vide'yi yerleştirin. 160 F'ye ayarlayın.

Bir kapta soya sosunu, pirinç şarabını, balı ve beş baharatı birleştirin. Tavuk kanatlarını ve sarımsakları vakumlu bir torbaya koyun. Su değiştirme yöntemiyle havayı serbest bırakın, torbayı kapatın ve su banyosuna daldırın. 2 saat pişirin.

Zamanlayıcı durduktan sonra kanatları çıkarın ve bir fırın tepsisine aktarın. 380 F sıcaklıkta 5 dakika fırında pişirin. Bir tabakta servis yapın ve dilimlenmiş yeşil soğanla süsleyin.

Erişteli ve Körili Yeşil Tavuk

Hazırlık + Pişirme Süresi: 3 saat | Porsiyon: 2

İçindekiler

1 tavuk göğsü, kemiksiz ve derisiz

Tatmak için tuz ve karabiber

1 kutu (13,5 ons) hindistan cevizi sütü

2 yemek kaşığı yeşil köri ezmesi

1¾ su bardağı tavuk suyu

1 bardak shiitake mantarı

5 kafir limon yaprağı, ikiye bölünmüş

2 yemek kaşığı balık sosu

1½ yemek kaşığı şeker

½ fincan Tay fesleğen yaprağı, kabaca doğranmış

2 ons pişmiş yumurta şehriye yuvaları

1 bardak kişniş, kabaca doğranmış

1 su bardağı fasulye filizi

2 yemek kaşığı kızarmış erişte

2 kırmızı biber, kabaca doğranmış

Talimatlar

Bir su banyosu hazırlayın ve içine Sous Vide'yi yerleştirin. 138 F'ye ayarlayın. Tavuğu tuz ve karabiberle tatlandırın. Vakumla kapatılabilen bir torbaya koyun. Su değiştirme yöntemiyle havayı serbest bırakın, torbayı kapatın ve su banyosuna daldırın. 90 dakika pişirin.

35 dakika geçtikten sonra bir tencereyi orta ateşte ısıtın ve yeşil köri ezmesini ve yarım hindistan cevizi sütünü ekleyerek karıştırın. Hindistan cevizi sütü kalınlaşmaya başlayana kadar 5-10 dakika pişirin. Tavuk suyunu ve hindistancevizi sütünün geri kalanını ekleyin. 15 dakika pişirin.

Isıyı azaltın ve kaffir misket limonu yapraklarını, shiitake mantarlarını, şekeri ve balık sosunu ekleyin. En az 10 dakika pişirin. Ateşten alıp fesleğeni ekleyin.

Zamanlayıcı durduktan sonra poşeti çıkarın ve 5 dakika soğumaya bırakın, ardından küçük dilimler halinde doğrayın. Köri sosunu, pişmiş erişteyi ve tavuğu bir çorba kasesinde servis edin. Üzerine fasulye filizi, kişniş, kırmızı biber ve kızarmış erişte ekleyin.

Avokadolu Pesto Tavuklu Mini Lokmalar

Hazırlık + Pişirme Süresi: 1 saat 40 dakika | Porsiyon: 2

İçindekiler

1 tavuk göğsü, kemiksiz, derisiz, tereyağlı

Tatmak için tuz ve karabiber

1 yemek kaşığı adaçayı

3 yemek kaşığı zeytinyağı

1 yemek kaşığı pesto

1 kabak, dilimlenmiş

1 avokado

1 su bardağı taze fesleğen yaprağı

Talimatlar

Bir su banyosu hazırlayın ve içine Sous Vide'yi yerleştirin. 138 F'ye ayarlayın.

Tavuk göğsünü ince olana kadar dövün. Adaçayı, karabiber ve tuzla tatlandırın. Vakumla kapatılabilen bir torbaya yerleştirin. 1 yemek kaşığı yağ ve pesto ekleyin. Su değiştirme yöntemiyle havayı serbest bırakın, torbayı kapatın ve su banyosuna daldırın. 75 dakika pişirin. 60 dakika sonra 1 yemek kaşığı zeytinyağını tavada yüksek ateşte ısıtın, kabakları ve ¼ bardak suyu ekleyin. Su buharlaşana kadar pişirin. Zamanlayıcı durduktan sonra tavuğu çıkarın.

Kalan zeytinyağını bir tavada orta ateşte ısıtın ve tavuğu her iki tarafı da 2 dakika boyunca kızartın. Bir kenara koyun ve soğumaya bırakın. Tavuğu kabak gibi küçük dilimler halinde kesin. Avokadoyu da dilimleyin. Tavuğun üzerine avokado dilimleri koyarak servis yapın. Kabak dilimleri ve fesleğen ile süsleyin.

Peynirli Tavuk Topları

Hazırlık + Pişirme Süresi: 1 saat 15 dakika | Porsiyon: 6

İçindekiler

1 kiloluk öğütülmüş tavuk

2 yemek kaşığı soğan, ince doğranmış

¼ çay kaşığı sarımsak tozu

Tatmak için tuz ve karabiber

2 yemek kaşığı ekmek kırıntısı

1 yumurta

32 adet küçük küp şeklinde mozzarella peyniri

1 yemek kaşığı tereyağı

3 yemek kaşığı panko

½ bardak domates sosu

½ ons rendelenmiş Pecorino Romano peyniri

Kıyılmış maydanoz

Talimatlar

Bir su banyosu hazırlayın ve içine Sous Vide'yi yerleştirin. 146 F'a ayarlayın. Bir kasede tavuğu, soğanı, tuzu, sarımsak tozunu, biberi ve terbiyeli ekmek kırıntılarını karıştırın. Yumurtayı ekleyin ve iyice birleştirin. 32 adet orta boy top oluşturun ve içine bir küp peynir koyun, karışımın peyniri iyice kapladığından emin olun.

Topları vakumlu bir torbaya koyun ve 20 dakika soğumaya bırakın. Daha sonra su değiştirme yöntemiyle havayı serbest bırakın, kapatın ve torbayı su banyosuna daldırın. 45 dakika pişirin.

Zamanlayıcı durduktan sonra topları çıkarın. Tereyağını yüksek ateşte tavada eritin ve panko'yu ekleyin. Kızarana kadar pişirin. Ayrıca domates sosunu da pişirin. Servis tabağına topları yerleştirin ve üzerine domates sosu sürün. Üzerine panko ve peyniri ekleyin. Maydanozla süsleyin.

Peynirli Hindi Burgerleri

Hazırlık + Pişirme Süresi: 1 saat 45 dakika | Porsiyon: 6

İçindekiler

6 çay kaşığı zeytinyağı

1½ pound öğütülmüş hindi

16 kremalı kraker, ezilmiş

2½ yemek kaşığı kıyılmış taze maydanoz

2 yemek kaşığı doğranmış taze fesleğen

½ yemek kaşığı Worcestershire sosu

½ yemek kaşığı soya sosu

½ çay kaşığı sarımsak tozu

1 yumurta

6 çörek, kızarmış

6 dilim domates

6 adet marul yaprağı

6 dilim Monterey Jack peyniri

Talimatlar

Bir su banyosu hazırlayın ve içine Sous Vide'yi yerleştirin. 148 F'ye ayarlayın. Hindiyi, krakerleri, maydanozu, fesleğeni, soya sosunu ve sarımsak tozunu birleştirin. Yumurtayı ekleyip elinizle karıştırın.

Balmumu biberli bir fırın tepsisine, karışımla 6 köfte hazırlayın ve bunları yerleştirin. Üzerini kapatıp buzdolabına aktarın

Köfteleri buzdolabından çıkarın ve vakumla kapatılabilen üç torbaya koyun. Su değiştirme yöntemiyle havayı serbest bırakın, torbaları kapatın ve su banyosuna daldırın. 1 saat 15 dakika pişirin.

Zamanlayıcı durduktan sonra köfteleri çıkarın. Pişirme sularını atın.

Zeytinyağını yüksek ateşte tavada ısıtın ve köfteleri yerleştirin. Her iki tarafta 45 saniye kızartın. Köfteleri kızarmış ekmeklerin üzerine yerleştirin. Üstüne domates, marul ve peynir ekleyin. Sert.

Jambonlu Pastırma ve Fındık Dolması Hindi

Hazırlık + Pişirme Süresi: 3 saat 45 dakika | Porsiyon: 6

İçindekiler

1 beyaz soğan, doğranmış

3 yemek kaşığı tereyağı

1 bardak pastırma küpleri

4 yemek kaşığı çam fıstığı

2 yemek kaşığı kıyılmış kekik

4 diş sarımsak, kıyılmış

2 limonun kabuğu rendesi

4 yemek kaşığı kıyılmış maydanoz

¾ bardak ekmek kırıntısı

1 yumurta, dövülmüş

4 lb kemiksiz hindi göğsü, kelebekli

Tatmak için tuz ve karabiber

16 dilim jambon

Talimatlar

Bir su banyosu hazırlayın ve içine Sous Vide'yi yerleştirin. 146 F'ye ayarlayın.

2 yemek kaşığı tereyağını tavada orta ateşte ısıtın ve soğanı yumuşayana kadar 10 dakika soteleyin. Bir kenara koyun. Aynı tavaya pastırmayı ekleyin ve kahverengileşene kadar 5 dakika pişirin. Çam fıstığı, kekik, sarımsak ve limon kabuğu rendesini ekleyip 2 dakika daha pişirin. Maydanozu ekleyip karıştırın. Soğanı tekrar tavaya alın, ekmek kırıntılarını ve yumurtayı ekleyip karıştırın.

Hindiyi çıkarın ve plastik ambalajla örtün. Et çekiciyle kalınlığına kadar dövün. Jambonu alüminyum folyoya yerleştirin. Hindiyi jambonun üzerine koyun ve ortasını parçalayarak bir şerit oluşturun. Hindiyi tamamen sarılana kadar bir taraftan diğerine sıkıca yuvarlayın. Plastik ambalajla örtün ve vakumlu bir torbaya koyun. Su değiştirme yöntemiyle havayı serbest bırakın, torbayı kapatın ve su banyosuna daldırın. 3 saat pişirin.

Zamanlayıcı durduğunda hindiyi çıkarın ve plastiği atın. Kalan tereyağını orta ateşte bir tavada ısıtın ve göğsü koyun. Jambonu her iki tarafta 45 saniye kızartın. Hindiyi yuvarlayın ve 2-3 dakika daha kızartın. Göğsü madalyonlar halinde kesip servis yapın.

Hindili Sezar Salatalı Tortilla Ruloları

Hazırlık + Pişirme Süresi: 1 saat 40 dakika | Porsiyon: 4

İçindekiler

2 diş sarımsak, kıyılmış

2 derisiz, kemiksiz hindi göğsü

Tatmak için tuz ve karabiber

1 bardak mayonez

2 yemek kaşığı taze sıkılmış limon suyu

1 çay kaşığı hamsi ezmesi

1 çay kaşığı Dijon hardalı

1 çay kaşığı soya sosu

4 bardak buzdağı marul

4 ekmeği

Talimatlar

Bir su banyosu hazırlayın ve içine Sous Vide'yi yerleştirin. 152 F'ye ayarlayın. Hindi göğsüne tuz ve karabiber serpin ve vakumlu bir torbaya koyun. Su değiştirme yöntemiyle havayı serbest bırakın, torbayı kapatın ve su banyosuna daldırın. 1 saat 30 dakika pişirin.

Mayonez, sarımsak, limon suyu, hamsi ezmesi, hardal, soya sosu ve kalan tuz ve karabiberi birleştirin. Buzdolabında dinlenmeye bırakın. Zamanlayıcı durduktan sonra hindiyi çıkarın ve kurulayın. Hindiyi dilimleyin. Marulu soğuk sosla karıştırın. Hindi karışımının dörtte birini her tortillaya dökün ve katlayın. Ortadan ikiye kesip sosla birlikte servis yapın.

Adaçayı Hindi Rulatı

Hazırlık + Pişirme Süresi: 5 saat 15 dakika | Porsiyon: 6

İçindekiler:

3 yemek kaşığı zeytinyağı

2 küçük sarı soğan, doğranmış

2 sap kereviz, doğranmış

3 yemek kaşığı öğütülmüş adaçayı

2 limon kabuğu rendesi ve suyu

3 bardak hindi doldurma karışımı

2 su bardağı hindi veya tavuk suyu

5 kilo yarıya bölünmüş hindi göğsü

Talimatlar:

Tavayı orta ateşe koyun, zeytinyağını, soğanı ve kerevizi ekleyin. 2 dakika soteleyin. Limon suyu azalıncaya kadar limon suyunu, kabuğu rendesini ve adaçayı ekleyin.

Bir kaseye dolma karışımını dökün ve pişmiş adaçayı karışımını ekleyin. Ellerinizle karıştırın. Malzemeler birbirine iyice tutunana ve akıcı olmayana kadar elinizle karıştırırken stok ekleyin. Hindi derisini yavaşça çıkarın ve plastik bir ambalajın üzerine koyun. Kemikleri çıkarın ve atın.

Hindi göğsünü derinin üzerine yerleştirin ve hindi göğsünün üzerine ikinci bir kat plastik örtü koyun. Merdane yardımıyla 1 parmak kalınlığında açın. Üstteki plastik ambalajı çıkarın ve doldurmayı düzleştirilmiş hindi üzerine, kenarlarda ½ inç boşluk kalacak şekilde yayın.

Hindiyi dar tarafından başlayarak yufka gibi yuvarlayın ve fazla derisini hindinin üzerine örtün. Ruloyu kasap ipiyle sabitleyin. Hindi rulosunu daha geniş bir plastik ambalaja sarın ve sıkı bir silindir oluşturması gereken ruloyu sabitlemek için uçlarını bükün.

Ruloyu vakumla kapatılabilen bir torbaya yerleştirin, havasını boşaltın ve torbayı kapatın. 40 dakika buzdolabında bekletin. Bir su banyosu yapın, içine Sous Vide'yi yerleştirin ve 155 F'ye ayarlayın. Hindi rulosunu su banyosuna yerleştirin ve zamanlayıcıyı 4 saate ayarlayın.

Zamanlayıcı durduğunda torbayı çıkarın ve kapağını açın. Fırını önceden 400 F'ye ısıtın, hindinin plastik ambalajını çıkarın ve deri tarafı yukarı gelecek şekilde bir fırın tepsisine yerleştirin. 15 dakika kızartın. Daireler halinde dilimleyin. Kremalı sos ve buharda pişirilmiş düşük karbonhidratlı sebzelerle servis yapın.

Kekik Hindi Göğsü

Hazırlık + Pişirme Süresi: 3 saat 15 dakika | Porsiyon: 6

İçindekiler

1 hindi göğsünün yarısı, derili, kemiksiz

1 yemek kaşığı zeytinyağı

1 yemek kaşığı sarımsak tuzu

1 yemek kaşığı kekik

1 çay kaşığı karabiber

Talimatlar

Bir su banyosu hazırlayın ve içine Sous Vide'yi yerleştirin. 146 F'ye ayarlayın.

Hindi göğsü, sarımsak, kekik, tuz ve karabiberi birleştirin. Vakumla kapatılabilen bir torbaya koyun. Su değiştirme yöntemiyle havayı serbest bırakın, torbayı kapatın ve su banyosuna daldırın. 4 saat pişirin.

Zamanlayıcı durduktan sonra torbayı çıkarın ve bir fırın tepsisiyle kurulayın. Demir tavayı yüksek ateşte ısıtın ve altın rengi olana kadar 5 dakika kızartın.

Pesto Hindi Köfte Burger

Hazırlık + Pişirme Süresi: 80 dakika | Porsiyon: 4

İçindekiler

1 pound öğütülmüş hindi

3 soğan, ince doğranmış

1 büyük yumurta, dövülmüş

1 yemek kaşığı ekmek kırıntısı

1 çay kaşığı kurutulmuş kekik

1 yemek kaşığı kekik

Tatmak için tuz ve karabiber

½ bardak pesto (artı 2 çay kaşığı ekstra)

2 ons mozzarella peyniri, parçalara ayrılmış

4 adet büyük hamburger ekmeği

Talimatlar

Bir su banyosu hazırlayın ve içine Sous Vide'yi yerleştirin. 146 F'ye ayarlayın. Bir kasede hindiyi, yumurtayı, galeta unu, yeşil soğanı, kekiği ve kekiği birleştirin. Tuz ve karabiberle tatlandırın. İyice karıştırın. En az 8 top yapın ve ortasını başparmağınızla bir delik açın. Her birini 1/4 yemek kaşığı pesto ve 1/4 oz mozzarella peyniri ile doldurun. Etin dolguyu kapladığından emin olun.

Vakumla kapatılabilen bir torbaya koyun. Su değiştirme yöntemiyle havayı serbest bırakın, torbayı kapatın ve su banyosuna daldırın. 60 dakika pişirin. Zamanlayıcı durduktan sonra topları çıkarın ve fırın tepsisiyle kurulayın. Tavayı orta ateşte ısıtın ve 1/2 bardak pestoyu pişirin. Köfteleri ekleyip iyice karıştırın. Her hamburger ekmeğinin içine 2 adet köfte koyun.

Cevizli Hindi Göğsü

Hazırlık + Pişirme Süresi: 2 saat 15 dakika | Porsiyon: 6

İçindekiler:

2 pound hindi göğsü, ince dilimlenmiş

1 yemek kaşığı limon kabuğu rendesi

1 su bardağı ceviz, ince doğranmış

1 yemek kaşığı kekik, ince doğranmış

2 diş sarımsak, ezilmiş

2 yemek kaşığı taze maydanoz, ince doğranmış

3 su bardağı tavuk suyu

3 yemek kaşığı zeytinyağı

Talimatlar:

Eti soğuk akan su altında durulayın ve bir kevgir içinde süzün. Limon kabuğu rendesi ile ovalayın ve tavuk suyuyla birlikte vakumla kapatılabilen büyük bir torbaya aktarın. Sous Vide'de 2 saat boyunca 149 F'de pişirin. Su banyosundan çıkarın ve bir kenara koyun.

Orta boy bir tavada zeytinyağını ısıtın ve sarımsak, ceviz ve kekiği ekleyin. İyice karıştırıp 4-5 dakika pişirin. Son olarak tavuk göğsünü tavaya ekleyin ve her iki tarafını da kısa süre kızartın. Derhal servis yapın.

Baharatlı Hindi Yemeği

Hazırlık + Pişirme Süresi: 14 saat 15 dakika | Porsiyon: 4

İçindekiler

1 hindi bacağı

1 yemek kaşığı zeytinyağı

1 yemek kaşığı sarımsak tuzu

1 çay kaşığı karabiber

3 dal kekik

1 yemek kaşığı biberiye

Talimatlar

Bir su banyosu hazırlayın ve içine Sous Vide'yi yerleştirin. 146 F'ye ayarlayın. Hindiyi sarımsak, tuz ve karabiberle tatlandırın. Vakumla kapatılabilen bir torbaya koyun.

Su değiştirme yöntemiyle havayı boşaltın, kapatın ve torbayı banyoya daldırın. 14 saat pişirin. İşiniz bittiğinde bacakları çıkarın ve kurulayın.

Portakal Soslu Hindi

Hazırlık + Pişirme Süresi: 75 dakika | Porsiyon: 2

İçindekiler:

1 kiloluk hindi göğsü, derisiz ve kemiksiz

1 yemek kaşığı tereyağı

3 yemek kaşığı taze portakal suyu

½ su bardağı tavuk suyu

1 çay kaşığı Acı biber

Tatmak için tuz ve karabiber

Talimatlar:

Hindi göğüslerini soğuk akan su altında durulayın ve kurulayın. Bir kenara koyun.

Orta boy bir kapta portakal suyunu, tavuk suyunu, kırmızı biberi, tuzu ve karabiberi birleştirin. İyice karıştırın ve eti bu turşunun içine koyun. 20 dakika buzdolabında bekletin.

Şimdi eti marine ile birlikte vakumla kapatılabilen büyük bir torbaya koyun ve Sous Vide'de 122 F'de 40 dakika pişirin.

Orta boy yapışmaz bir tencerede, tereyağını yüksek sıcaklıkta eritin. Eti poşetten alıp tencereye ekleyin. 2 dakika kadar kavurup ocaktan alın.

Kekik ve Biberiye Hindi Budu

Hazırlık + Pişirme Süresi: 8 saat 30 dakika | Porsiyon: 4

İçindekiler

5 çay kaşığı tereyağı, eritilmiş

10 diş sarımsak, kıyılmış

2 yemek kaşığı kurutulmuş biberiye

1 yemek kaşığı kimyon

1 yemek kaşığı kekik

2 hindi budu

Talimatlar

Bir su banyosu hazırlayın ve içine Sous Vide'yi yerleştirin. 134 F'ye ayarlayın.

Sarımsak, biberiye, kimyon, kekik ve tereyağını birleştirin. Hindiyi karışımla ovalayın.

Hindiyi vakumla kapatılabilen bir torbaya koyun. Su değiştirme yöntemiyle havayı serbest bırakın, torbayı kapatın ve su banyosuna daldırın. 8 saat pişirin

Zamanlayıcı durduktan sonra hindiyi çıkarın. Pişirme sularını rezerve edin. Izgarayı yüksek ateşte ısıtın ve hindiyi koyun. Pişirme suları serpin. Arkanızı dönün ve biraz daha meyve suyu serpin. Bir kenara koyun ve soğumaya bırakın. Sert.

Karanfilli Hindi Göğsü

Hazırlık + Pişirme Süresi: 1 saat 45 dakika | Porsiyon: 6

İçindekiler:

2 pound hindi göğsü, dilimlenmiş

2 diş sarımsak, kıyılmış

1 su bardağı zeytinyağı

2 yemek kaşığı Dijon hardalı

2 yemek kaşığı limon suyu

1 çay kaşığı taze biberiye, ince doğranmış

1 çay kaşığı karanfil, kıyılmış

Tatmak için tuz ve karabiber

Talimatlar:

Büyük bir kapta zeytinyağını hardal, limon suyu, sarımsak, biberiye, karanfil, tuz ve karabiberle birleştirin. İyice birleşene kadar karıştırın ve hindi dilimlerini ekleyin. Pişirmeden önce 30 dakika bekletin ve soğutun.

Buzdolabından çıkarın ve 2 adet vakumla kapatılabilen torbaya aktarın. Torbaları kapatın ve Sous Vide'de 149 F'de bir saat pişirin. Su banyosundan çıkarın ve servis yapın.

Dereotu ve Biberiye Hindi Göğsü

Hazırlık + Pişirme Süresi: 1 saat 50 dakika | Porsiyon: 2

İçindekiler

1 kiloluk kemiksiz hindi göğsü

Tatmak için tuz ve karabiber

3 dal taze dereotu

1 taze biberiye dalı, doğranmış

1 defne yaprağı

Talimatlar

Bir su banyosu hazırlayın ve içine Sous Vide'yi yerleştirin. 146 F'ye ayarlayın.

Tavayı orta ateşte ısıtın, hindiyi koyun ve 5 dakika kızartın. Yağı rezerve edin. Hindiyi tuz ve karabiberle tatlandırın. Hindiyi, dereotunu, biberiyeyi, defne yaprağını ve ayrılmış yağı vakumlu bir torbaya koyun. Su değiştirme yöntemiyle havayı serbest bırakın, torbayı kapatın ve su banyosuna daldırın. 1 saat 30 dakika pişirin.

Bir tavayı yüksek ateşte ısıtın. Zamanlayıcı durduktan sonra hindiyi çıkarın ve tavaya aktarın. 5 dakika kadar kızartın.

Kavrulmuş Tatlı Ördek

Hazırlık + Pişirme Süresi: 3 saat 55 dakika | Porsiyon: 4

İçindekiler

6 ons kemiksiz ördek göğsü

¼ çay kaşığı tarçın

¼ çay kaşığı füme kırmızı biber

¼ çay kaşığı acı biber

1 yemek kaşığı kekik

1 çay kaşığı bal

Tatmak için tuz ve karabiber

Talimatlar

Bir su banyosu hazırlayın ve içine Sous Vide'yi yerleştirin. 134 F'a ayarlayın. Göğüs ördeğini bir fırın tepsisiyle kurulayın ve derisini çıkarın, eti kesmemeye dikkat edin. Tuzlu sezon.

Bir kızartma tavasını yüksek ateşte ısıtın. Ördeği 3-4 dakika kızartın. Çıkarın ve bir kenara koyun.

Bir kapta kırmızı biber, kekik, kırmızı biber ve tarçını birleştirin ve iyice karıştırın. Ördek göğsünü bu karışımla marine edin. Vakumla kapatılabilen bir torbaya yerleştirin. 1 yemek kaşığı bal ekleyin. Su değiştirme yöntemiyle havayı serbest bırakın, torbayı kapatın ve su banyosuna daldırın. 3 saat 30 dakika pişirin.

Zamanlayıcı durduktan sonra torbayı çıkarın ve kurutun. Tavayı yüksek ateşte ısıtın ve ördeği 2 dakika kızartın. Çevirip 30 saniye daha pişirin. Soğumaya bırakın ve servis yapın.

Kekikli Ördek Göğsü t

Hazırlık + Pişirme Süresi: 2 saat 10 dakika | Porsiyon: 3

İçindekiler:

3 (6 oz) ördek göğsü, derili

3 çay kaşığı kekik yaprağı

2 çay kaşığı zeytinyağı

Tatmak için tuz ve karabiber

İçindekiler:

Eti kesmeden göğüslerin üzerine çapraz şeritler yapın. Derisini tuzla, et tarafını ise kekik, karabiber ve tuzla tatlandırın. Ördek göğüslerini 3 ayrı vakumlu torbaya koyun. Havayı boşaltın ve torbaları kapatın. 1 saat buzdolabında bekletin.

Bir su banyosu yapın, içine Sous Vide'yi yerleştirin ve 135 F'ye ayarlayın. Torbaları buzdolabından çıkarın ve su banyosuna daldırın. Zamanlayıcıyı 1 saate ayarlayın.

Zamanlayıcı durduğunda torbaları çıkarın ve mühürlerini açın. Tavayı orta ateşe koyun, zeytinyağı ekleyin. Isıtıldıktan sonra ördeği ekleyin ve derisi yumuşayana ve et altın rengi kahverengi olana kadar kızartın. Çıkarın ve 3 dakika bekletin ve sonra dilimleyin. Sert.

Turuncu Kaz Konfit

Hazırlık + Pişirme Süresi: 12 saat 7 dakika + Soğutma Süresi | Porsiyon: 6

İçindekiler

3 defne yaprağı

6 kaz ayağı

10 çay kaşığı tuz

6 diş sarımsak, ezilmiş

1 adet taze biberiye dalı, sapları ayrılmış

1½ su bardağı kaz yağı

1 çay kaşığı karabiber

1 portakalın kabuğu rendesi

Talimatlar

Kaz bacaklarını sarımsak, tuz, karabiber ve biberiyeyle fırçalayın. Üzerini kapatıp 12 ila 24 saat buzdolabında soğumaya bırakın. Bir su banyosu hazırlayın ve içine Sous Vide'yi yerleştirin. 172 F'ye ayarlayın. Kazı buzdolabından çıkarın ve mutfak havlusuyla kurulayın.

Kazı, kaz yağını, defne yaprağını, karabiberi ve portakal kabuğu rendesini vakumlu bir torbaya koyun. Su değiştirme yöntemiyle havayı serbest bırakın, torbayı kapatın ve su banyosuna daldırın. 12 saat pişirin.

Zamanlayıcı durduktan sonra kazı torbadan çıkarın ve fazla yağı temizleyin. Tavayı yüksek ateşte ısıtın ve kazları çıtır çıtır olana kadar 5-7 dakika kızartın.

Peynirli Limonlu Karidesli Makarna

Hazırlık + Pişirme Süresi: 55 dakika | Porsiyon: 4

İçindekiler

2 bardak İsviçre pazı, doğranmış

6 yemek kaşığı tereyağı

½ su bardağı parmesan peyniri

2 diş sarımsak, kıyılmış

1 limon, kabuğu rendelenmiş ve suyu sıkılmış

1 yemek kaşığı taze fesleğen, doğranmış

Tatmak için tuz ve karabiber

1 çay kaşığı kırmızı biber gevreği

1½ pound karides, kuyruklu olarak tasarlanmış

8 oz makarna seçimi

Talimatlar

Bir su banyosu hazırlayın ve içine Sous Vide'yi yerleştirin. 137 F'ye ayarlayın.

Bir tencereyi orta ateşte ısıtın ve tereyağı, pazı, 1/4 bardak Pecorino Romano peyniri, sarımsak, limon kabuğu rendesi ve suyu, fesleğen, tuz, karabiber ve kırmızı pul biberi birleştirin. Tereyağı eriyene kadar 5 dakika pişirin. Bir kenara koyun.

Karidesleri vakumlu bir torbaya koyun ve limon karışımını dökün. İyi çalkala. Su değiştirme yöntemiyle havayı serbest bırakın, torbayı kapatın ve su banyosuna daldırın. 30 dakika pişirin.

Bu arada makarnayı paketteki talimatlara göre pişirin. Süzüp tencereye koyun. Zamanlayıcı durduktan sonra poşeti çıkarın ve makarna kabına aktarın. 3-4 dakika pişirin. Kalan Pecorino peynirini üstüne ekleyip servis yapın.

Tatlı Şeri ve Miso Sırlı Halibut

Hazırlık + Pişirme Süresi: 50 dakika | Porsiyon: 4

İçindekiler

1 yemek kaşığı zeytinyağı

2 yemek kaşığı tereyağı

⅓ bardak tatlı şeri

⅓ bardak kırmızı miso

¼ bardak mirin

3 yemek kaşığı esmer şeker

2½ yemek kaşığı soya sosu

4 adet halibut filetosu

2 yemek kaşığı doğranmış soğan

2 yemek kaşığı kıyılmış taze maydanoz

Talimatlar

Bir su banyosu hazırlayın ve içine Sous Vide'yi yerleştirin. 134 F'ye ayarlayın. Tereyağını bir tencerede orta-düşük ateşte ısıtın. Tatlı şeri, miso, mirin, esmer şeker ve soya sosunu 1 dakika boyunca karıştırın. Bir kenara koyun. Soğumaya bırakın. Halibut'u 2 adet vakumla kapatılabilen torbaya koyun. Su değiştirme yöntemiyle havayı serbest bırakın, torbaları kapatın ve su banyosuna daldırın. 30 dakika pişirin.

Zamanlayıcı durduğunda halibutu torbalardan çıkarın ve mutfak havlusuyla kurulayın. Pişirme sularını rezerve edin. Bir tencereyi yüksek ateşte ısıtın ve pişirme suyunu dökün. Yarısı azalıncaya kadar pişirin.

Zeytinyağını orta ateşte tavada ısıtın ve filetoları aktarın. Çıtır çıtır olana kadar her iki tarafını da 30 saniye kızartın. Balıkları servis edin ve üzerine Miso Glaze serpin. Frenk soğanı ve maydanozla süsleyin.

Tatlı Zencefil Sırlı Çıtır Somon

Hazırlık + Pişirme Süresi: 53 dakika | Porsiyon: 4

İçindekiler

½ bardak Worcestershire sosu

6 yemek kaşığı beyaz şeker

4 yemek kaşığı mirin

2 küçük diş sarımsak, kıyılmış

½ çay kaşığı mısır nişastası

½ çay kaşığı rendelenmiş taze zencefil

4 somon filetosu

4 çay kaşığı bitkisel yağ

Servis için 2 su bardağı pişmiş pirinç

1 çay kaşığı kızarmış haşhaş tohumu

Talimatlar

Bir su banyosu hazırlayın ve içine Sous Vide'yi yerleştirin. 129 F'ye ayarlayın.

Worcestershire sosu, şeker, mirin, sarımsak, mısır nişastası ve zencefili orta ateşte bir güveçte birleştirin. Şeker eriyene kadar 1 dakika kadar pişirin. 1/4 bardak sos ayırın. Soğumaya bırakın. Somon filetolarını kalan sosla birlikte 2 vakumlu torbaya koyun. Su değiştirme yöntemiyle havayı serbest bırakın, torbaları kapatın ve su banyosuna daldırın. 40 dakika pişirin.

Zamanlayıcı durduktan sonra filetoları torbalardan çıkarın ve mutfak havlusuyla kurulayın. Bir tencereyi orta ateşte ısıtın ve sosu kalınlaşana kadar 2 dakika pişirin. Yağı bir tavada ısıtın. Somonun her tarafını 30 saniye kızartın. Somonu sos ve haşhaş tohumu ile servis edin.

Hindistan Cevizi Soslu Narenciye Balığı

Hazırlık süresi: 1 saat 57 dakika | Porsiyon: 6

İçindekiler

2 yemek kaşığı bitkisel yağ

4 adet soyulmuş ve doğranmış domates

2 adet kırmızı biber, doğranmış

1 sarı soğan, doğranmış

½ su bardağı portakal suyu

¼ bardak limon suyu

4 diş sarımsak, kıyılmış

1 çay kaşığı kimyon tohumu, ezilmiş

1 çay kaşığı kimyon tozu

1 çay kaşığı acı biber

½ çay kaşığı tuz

6 adet morina filetosu, derisi alınmış, küp şeklinde

14 ons hindistan cevizi sütü

¼ bardak kıyılmış hindistan cevizi

3 yemek kaşığı doğranmış taze kişniş

Talimatlar

Bir su banyosu hazırlayın ve içine Sous Vide'yi yerleştirin. 137 F'ye ayarlayın.

Bir kasede portakal suyunu, limon suyunu, sarımsağı, kimyon tohumlarını, kimyonu, acı biberi ve tuzu birleştirin. Filetoları kireç karışımıyla fırçalayın. Üzerini kapatıp 1 saat kadar buzdolabında soğumaya bırakın.

Bu arada yağı bir tencerede orta ateşte ısıtın ve domates, biber, soğan ve tuzu ekleyin. 4-5 dakika yumuşayana kadar pişirin. Hindistan cevizi sütünü domates karışımının üzerine dökün ve 10 dakika pişirin. Bir kenara koyun ve soğumaya bırakın.

Filetoları buzdolabından çıkarın ve hindistancevizi karışımıyla birlikte 2 vakumlu torbaya koyun. Su değiştirme yöntemiyle havayı serbest bırakın, torbaları kapatın ve su banyosuna daldırın. 40 dakika pişirin. Zamanlayıcı durduktan sonra poşetleri çıkarın ve içindekileri servis kasesine aktarın. Kıyılmış hindistan cevizi ve kişniş ile süsleyin. Pirinçle servis yapın.

Misket Limonu-Maydanozlu Haşlanmış Mezgit Balığı

Hazırlık + Pişirme Süresi: 75 dakika | Porsiyon: 4

İçindekiler

4 mezgit balığı filetosu, derisi alınmış

½ çay kaşığı tuz

6 yemek kaşığı tereyağı

1 limonun kabuğu rendesi ve suyu

2 çay kaşığı kıyılmış taze maydanoz

1 limon, dörde bölünmüş

Talimatlar

Bir su banyosu hazırlayın ve içine Sous Vide'yi yerleştirin. 137 F'ye ayarlayın.

Filetoları tuzlayın ve 2 adet vakumlu torbaya koyun. Tereyağı, limon kabuğu rendesinin ve limon suyunun yarısını ve 1 yemek kaşığı maydanozu ekleyin. Su yer değiştirme yöntemiyle havayı serbest bırakın. Buzdolabına aktarın ve 30 dakika soğumaya bırakın. Torbaları kapatın ve su banyosuna batırın. 30 dakika pişirin.

Zamanlayıcı durduktan sonra filetoları çıkarın ve mutfak havlusuyla kurulayın. Kalan tereyağını bir tavada orta ateşte ısıtın ve filetoların her iki tarafını da 45 saniye boyunca kızartın, üzerine eritilmiş tereyağını kaşıkla dökün. Mutfak havlusuyla kurulayın ve bir tabağa aktarın. Kireç çeyrekleriyle süsleyin ve servis yapın.

Hardal-Akçaağaç Soslu Çıtır Tilapia

Hazırlık + Pişirme Süresi: 65 dakika | Porsiyon: 4

İçindekiler

2 yemek kaşığı akçaağaç şurubu

6 yemek kaşığı tereyağı

2 yemek kaşığı Dijon hardalı

2 yemek kaşığı esmer şeker

1 yemek kaşığı maydanoz

1 yemek kaşığı kekik

2 yemek kaşığı soya sosu

2 yemek kaşığı beyaz şarap sirkesi

4 tilapia filetosu, derisi açık

Talimatlar

Bir su banyosu hazırlayın ve içine Sous Vide'yi yerleştirin. 114 F'ye ayarlayın.

Bir tencereyi orta ateşte ısıtın ve 4 yemek kaşığı tereyağı, hardal, esmer şeker, akçaağaç şurubu, soya sosu, sirke, maydanoz ve kekiği koyun. 2 dakika pişirin. Bir kenara koyun ve 5 dakika soğumaya bırakın.

Tilapia filetolarını akçaağaç soslu, vakumlu bir torbaya koyun. Su değiştirme yöntemiyle havayı serbest bırakın, torbayı kapatın ve su banyosuna daldırın. 45 dakika pişirin.

Zamanlayıcı durduktan sonra filetoları çıkarın ve mutfak havlusuyla kurulayın. Kalan tereyağını tavada orta ateşte ısıtın ve filetoları 1-2 dakika kızartın.

Hardallı Kılıçbalığı

Hazırlık + Pişirme Süresi: 55 dakika | Porsiyon: 4

İçindekiler

2 yemek kaşığı zeytinyağı

2 adet kılıç balığı bifteği

Tatmak için tuz ve karabiber

½ çay kaşığı Coleman hardalı

2 çay kaşığı susam yağı

Talimatlar

Bir su banyosu hazırlayın ve içine Sous Vide'yi yerleştirin. 104 F'ye ayarlayın. Kılıç balığını tuz ve karabiberle tatlandırın. Zeytinyağı ve hardalı iyice karıştırın. Kılıçbalığını hardal karışımıyla birlikte vakumlu bir torbaya koyun. Su yer değiştirme yöntemiyle havayı serbest bırakın. 15 dakika kadar buzdolabında dinlenmeye bırakın. Torbayı kapatın ve su banyosuna daldırın. 30 dakika pişirin.

Susam yağını bir tavada yüksek ateşte ısıtın. Zamanlayıcı durduktan sonra kılıçbalığını çıkarın ve mutfak havlusuyla kurulayın. Pişirme sularını atın. Tavaya aktarın ve her tarafını 30 saniye kızartın. Kılıçbalığını dilimler halinde kesip servis yapın.

Baharatlı Balık Tortillası

Hazırlık + Pişirme Süresi: 35 dakika | Porsiyon: 6

İçindekiler

⅓ bardak krem şanti

4 adet halibut filetosu, derisi soyulmuş

1 çay kaşığı doğranmış taze kişniş

¼ çay kaşığı kırmızı biber gevreği

Tatmak için tuz ve karabiber

1 yemek kaşığı elma sirkesi

½ tatlı soğan, doğranmış

6 ekmeği

Rendelenmiş buzdağı marul

1 büyük domates, dilimlenmiş

Garnitür için Guacamole

1 limon, dörde bölünmüş

Talimatlar

Bir su banyosu hazırlayın ve içine Sous Vide'yi yerleştirin. 134 F'ye ayarlayın.

Filetoları kişniş, kırmızı pul biber, tuz ve karabiberle birleştirin. Vakumla kapatılabilen bir torbaya yerleştirin. Su değiştirme yöntemiyle havayı serbest bırakın, torbayı banyoya daldırın. 25 dakika pişirin.

Bu arada elma sirkesini, soğanı, tuzu ve karabiberi karıştırın. Bir kenara koyun. Zamanlayıcı durduktan sonra filetoları çıkarın ve mutfak havlusuyla kurulayın. Kaynak makinesi kullanarak filetoları kızartın. Parçalara ayırın. Balıkları tortillanın üzerine koyun, marul, domates, krema, soğan karışımı ve guacamole ekleyin. Kireçle süsleyin.

Fesleğenli Ton Balıklı Biftek

Hazırlık + Pişirme Süresi: 45 dakika | Porsiyon: 5

İçindekiler

6 yemek kaşığı zeytinyağı

4 ton balığı bifteği

Tatmak için tuz ve karabiber

1 limonun kabuğu rendesi ve suyu

2 diş sarımsak, kıyılmış

1 çay kaşığı doğranmış taze fesleğen

Talimatlar

Bir su banyosu hazırlayın ve içine Sous Vide'yi yerleştirin. 126 F'ye ayarlayın. Ton balığını tuz ve karabiberle tatlandırın. 4 yemek kaşığı zeytinyağı, limon suyu, kabuğu rendesi, sarımsak ve fesleğeni karıştırın. Narenciye turşusunu iki vakumlu torbaya koyun. Su değiştirme yöntemiyle havayı serbest bırakın, torbaları kapatın ve su banyosuna daldırın. 35 dakika pişirin.

Zamanlayıcı durduktan sonra ton balığını çıkarın ve mutfak havlusuyla kurulayın. Pişirme sularını ayırın. Zeytinyağını bir tavada yüksek ateşte ısıtın ve ton balığının her tarafını 1'er dakika pişirin. Bir tabağa aktarın ve üzerine pişirme suyunu serpin. En iyi pilavla servis edilir.

Kalamata Zeytinli Kılıçbalığı ve Patates Salatası

Hazırlık + Pişirme Süresi: 3 saat 5 dakika | Porsiyon: 2

İçindekiler

<u>Patates</u>

3 yemek kaşığı zeytinyağı

1 pound tatlı patates

2 çay kaşığı tuz

3 dal taze kekik

<u>Balık</u>

1 yemek kaşığı zeytinyağı

1 kılıçbalığı bifteği

Tatmak için tuz ve karabiber

1 çay kaşığı kanola yağı

<u>salata</u>

1 su bardağı bebek ıspanak yaprağı

1 su bardağı kiraz domates, ikiye bölünmüş

¼ bardak Kalamata zeytini, doğranmış

1 yemek kaşığı zeytinyağı

1 çay kaşığı Dijon hardalı

3 yemek kaşığı elma sirkesi

¼ çay kaşığı tuz

Talimatlar

Patatesleri hazırlamak için: Bir su banyosu hazırlayın ve içine Sous Vide'yi yerleştirin. 192 F'ye ayarlayın.

Patatesleri, zeytinyağını, deniz tuzunu ve kekiği vakumlu bir torbaya koyun. Su değiştirme yöntemiyle havayı serbest bırakın, torbayı kapatın ve su banyosuna daldırın. 1 saat 15 dakika pişirin. Zamanlayıcı durduktan sonra torbayı çıkarın ve açmayın. Bir kenara koyun.

Balık yapmak için: Bir su banyosu yapın ve içine Sous Vide'yi yerleştirin. 104 F'ye ayarlayın. Kılıçbalığına tuz ve karabiber ekleyin. Zeytinyağıyla birlikte vakumlu bir torbaya koyun. Su değiştirme yöntemiyle havayı serbest bırakın, torbayı kapatın ve su banyosuna daldırın. 30 dakika pişirin.

Kanola yağını bir tavada yüksek ateşte ısıtın. Kılıçbalığını çıkarın ve mutfak havlusuyla kurulayın. Pişirme suyunu atın. Kılıçbalığını tavaya aktarın ve her tarafını 30 saniye pişirin.

Dilimler halinde kesin ve plastik ambalajla örtün. Bir kenara koyun.

Son olarak salatayı hazırlayın: Bir salata kasesine kiraz domatesleri, zeytinleri, zeytinyağını, hardalı, elma sirkesini ve tuzu ekleyip iyice karıştırın. Bebek ıspanakları ekleyin. Patatesleri çıkarın ve yarıya kadar kesin. Pişirme sularını atın. Servis yapmak için salatanın üzerine patates ve kılıç balığı ekleyin.

Dumanlı Somon

Hazırlık + Pişirme Süresi: 1 saat 20 dakika | Porsiyon: 3

İçindekiler:

3 somon filetosu, derisiz

1 yemek kaşığı şeker

2 çay kaşığı füme kırmızı biber

1 çay kaşığı hardal tozu

Talimatlar:

Bir su banyosu hazırlayın, içine Sous Vide'yi yerleştirin ve 115 F'ye ayarlayın. Somonu 1 çay kaşığı tuzla tatlandırın ve fermuarlı bir torbaya koyun. 30 dakika buzdolabında bekletin.

Bir kapta şekeri, füme tuzu, kalan tuzu ve hardal tozunu karıştırıp karıştırın. Somonu buzdolabından çıkarın ve keşiş tozu karışımıyla ovalayın.

Somonu vakumla kapatılabilen bir torbaya koyun, su değiştirme yöntemiyle havayı boşaltın ve torbayı kapatın. Su banyosuna daldırın ve zamanlayıcıyı 45 dakikaya ayarlayın. Zamanlayıcı durduğunda torbayı çıkarın ve kapağını açın. Somonu çıkarın ve bir mutfak havlusu kullanarak kurulayın. Yapışmaz bir tavayı orta ateşe koyun, somonu ekleyin ve 30 saniye boyunca kızartın. Yanında buharda pişmiş yeşilliklerle servis yapın.

Pancetta'lı Tatlı Tereyağlı Deniz Tarağı

Hazırlık + Pişirme Süresi: 45 dakika | Porsiyon: 6

İçindekiler

12 adet büyük deniz tarağı

1 yemek kaşığı zeytinyağı

Tatmak için tuz ve karabiber

4 pancetta dilimi

2 yemek kaşığı bal

2 yemek kaşığı tereyağı

Talimatlar

Bir su banyosu hazırlayın ve içine Sous Vide'yi yerleştirin. 126 F'ye ayarlayın.

Fırını önceden 390 F'ye ısıtın. Deniz taraklarını zeytinyağı, tuz ve karabiberle birleştirin. Vakumla kapatılabilen bir torbaya yerleştirin. Su değiştirme yöntemiyle havayı serbest bırakın, torbayı kapatın ve su banyosuna daldırın. 30 dakika pişirin.

Pancetta'yı alüminyum folyoyla kaplı bir fırın tepsisine aktarın ve her iki tarafını da bal ve karabiberle fırçalayın. 20 dakika pişirin. Bir tabağa aktarın. Pancetta yağını ayırın.

Zamanlayıcı durduktan sonra tarakları çıkarın ve mutfak havlusuyla kurulayın. Orta ateşte bir tavada tereyağını ve 1 yemek kaşığı pancetta yağını eritin. Deniz taraklarını koyun ve altın kahverengi olana kadar her tarafı 1 dakika pişirin. Pancetta'yı küçük parçalar halinde dilimleyin. Deniz taraklarını tabağa alın. Pancetta ile süsleyin.

Acılı-Limonlu Kalamar Linguine

Hazırlık + Pişirme Süresi: 2 saat 10 dakika | Porsiyon: 4

İçindekiler

3 yemek kaşığı zeytinyağı

4 adet temizlenmiş kalamar gövdesi

Tatmak için tuz ve karabiber

10 ons kurutulmuş linguine

1 (16 ons) kutu domates

2 diş sarımsak, kıyılmış

1 çay kaşığı kırmızı biber gevreği

1 çay kaşığı serrano biberi, doğranmış

1 limonun kabuğu rendesi ve suyu

3 yemek kaşığı kıyılmış taze maydanoz

3 yemek kaşığı doğranmış taze dereotu

Talimatlar

Bir su banyosu hazırlayın ve içine Sous Vide'yi yerleştirin. 134 F'ye ayarlayın. Kalamara tuz ve karabiber ekleyin. Kalamar ve 2 yemek kaşığı zeytinyağını vakumlu bir torbaya koyun. Su değiştirme yöntemiyle havayı serbest bırakın, torbayı kapatın ve su banyosuna daldırın. 2 saat pişirin. 1 saat 45 dakika sonra linguini paketin üzerindeki talimatlara göre pişirin. Boşaltın.

Tavayı orta ateşte ısıtın ve kalan zeytinyağını, domatesi, sarımsağı, serrano biberini, limon kabuğu rendesini, suyunu ve 2 yemek kaşığı maydanozu ekleyin. 3 dakika soteleyin. Zamanlayıcı durduktan sonra kalamarı çıkarın ve mutfak havlusuyla kurulayın. Küçük dilimler halinde kesin. Sıcak bir tavada makarnayı domates sosu ve kalamarla birleştirin. Zeytinyağı gezdirin.

Limon Tereyağı Soslu Yengeç Eti

Hazırlık + Pişirme Süresi: 70 dakika | Porsiyon: 4

İçindekiler

6 diş sarımsak, kıyılmış

½ limonun kabuğu rendesi ve suyu

1 pound yengeç eti

4 yemek kaşığı tereyağı

Talimatlar

Bir su banyosu hazırlayın ve içine Sous Vide'yi yerleştirin. 137 F'ye ayarlayın. Sarımsağın yarısını, limon kabuğu rendesini ve limon suyunun yarısını iyice birleştirin. Bir kenara koyun. Yengeç eti, tereyağı ve limon karışımını vakumla kapatılabilen bir torbaya koyun. Su değiştirme yöntemiyle havayı serbest bırakın, torbayı kapatın ve su banyosuna daldırın. 50 dakika pişirin. Zamanlayıcı durduğunda torbayı çıkarın. Pişirme suyunu atın.

Bir tencereyi orta-düşük ateşte ısıtın ve kalan tereyağını, kalan limon karışımını ve kalan limon suyunu dökün. Yengeçleri limon yağı serpilmiş 4 adet kalıpta servis edin.

Hızlı Kuzey Tarzı Somon

Hazırlık + Pişirme Süresi: 30 dakika | Porsiyon: 4

İçindekiler

1 yemek kaşığı zeytinyağı

4 somon filetosu, derisi alınmış

Tatmak için tuz ve karabiber

1 limonun kabuğu rendesi ve suyu

2 yemek kaşığı sarı hardal

2 çay kaşığı susam yağı

Talimatlar

Bir su banyosu hazırlayın ve içine Sous Vide'yi yerleştirin. 114 F'ye ayarlayın. Somonu tuz ve karabiberle tatlandırın. Limon kabuğu rendesi ve suyunu, yağı ve hardalı birleştirin. Somonu hardal karışımıyla birlikte 2 vakumlu torbaya koyun. Su değiştirme yöntemiyle havayı serbest bırakın, kapatın ve torbaları banyoya daldırın. 20 dakika pişirin. Susam yağını tavada ısıtın. Zamanlayıcı durduktan sonra somonu çıkarın ve kurulayın. Somonu tavaya aktarın ve her tarafını 30 saniye boyunca kızartın.

Hardal & Tamari Soslu Lezzetli Alabalık

Hazırlık + Pişirme Süresi: 35 dakika | Porsiyon: 4

İçindekiler

¼ bardak zeytinyağı

4 alabalık filetosu, derisi soyulmuş ve dilimlenmiş

½ bardak Tamari sosu

¼ bardak açık kahverengi şeker

2 diş sarımsak, kıyılmış

1 yemek kaşığı Coleman hardalı

Talimatlar

Bir su banyosu hazırlayın ve içine Sous Vide'yi yerleştirin. 130 F'ye ayarlayın. Tamari sosunu, esmer şekeri, zeytinyağını ve sarımsağı birleştirin. Alabalığı tamari karışımıyla birlikte vakumla kapatılabilen bir torbaya koyun. Su değiştirme yöntemiyle havayı serbest bırakın, torbayı kapatın ve su banyosuna daldırın. 30 dakika pişirin.

Zamanlayıcı durduktan sonra alabalığı çıkarın ve mutfak havlusuyla kurulayın. Pişirme suyunu atın. Servis yapmak için tamari sosu ve hardalla süsleyin.

Zencefil Soslu Susamlı Ton Balığı

Hazırlık + Pişirme Süresi: 45 dakika | Porsiyon: 6

İçindekiler:

<u>Tuna:</u>

3 ton balığı bifteği

Tatmak için tuz ve karabiber

⅓ su bardağı zeytinyağı

2 yemek kaşığı kanola yağı

½ su bardağı siyah susam

½ su bardağı beyaz susam

<u>Zencefil Sosu:</u>

1 inç zencefil, rendelenmiş

2 arpacık soğan, kıyılmış

1 kırmızı biber, kıyılmış

3 yemek kaşığı su

2 ½ limon suyu

1 ½ yemek kaşığı pirinç sirkesi

2 ½ yemek kaşığı soya sosu

1 yemek kaşığı balık sosu

1 ½ yemek kaşığı şeker

1 demet yeşil marul yaprağı

Talimatlar:

Sosla başlayın: Küçük bir tavayı kısık ateşte koyun ve zeytinyağı ekleyin. Isıtıldıktan sonra zencefil ve kırmızı biberi ekleyin. 3 dakika pişirin Şekeri ve sirkeyi ekleyip karıştırın ve şeker eriyene kadar pişirin. Suyu ekleyip kaynatın. Soya sosunu, balık sosunu ve limon suyunu ekleyip 2 dakika pişirin. Soğuması için bir kenara koyun.

Bir su banyosu yapın, içine Sous Vide'yi yerleştirin ve 110 F'a ayarlayın. Ton balığına tuz ve karabiber serpin ve 3 ayrı vakumla kapatılabilen torbaya koyun. Zeytinyağı ekleyin, su değiştirme yöntemiyle torbadaki havayı boşaltın, kapatın ve torbayı su banyosuna daldırın. Zamanlayıcıyı 30 dakikaya ayarlayın.

Zamanlayıcı durduktan sonra torbayı çıkarın ve kapağını açın. Ton balığını bir kenara koyun. Düşük ateşte bir tava koyun ve kanola yağı ekleyin. Isıtırken susam tohumlarını bir kasede karıştırın. Ton balığını kurulayın, susamla kaplayın ve ısıtılmış yağda tohumlar kızarana kadar üstünü ve altını kızartın.

Ton balığını ince şeritler halinde dilimleyin. Servis tabağını marulla kaplayın ve marul yatağının üzerine ton balığını dizin. Başlangıç olarak zencefil sosuyla servis yapın.

İlahi Sarımsak-Limonlu Yengeç Ruloları

Hazırlık + Pişirme Süresi: 60 dakika | Porsiyon: 4

İçindekiler

4 yemek kaşığı tereyağı

1 pound pişmiş yengeç eti

2 diş sarımsak, kıyılmış

½ limonun kabuğu rendesi ve suyu

½ bardak mayonez

1 rezene soğanı, doğranmış

Tatmak için tuz ve karabiber

4 rulo, bölünmüş, yağlanmış ve kızartılmış

Talimatlar

Bir su banyosu hazırlayın ve içine Sous Vide'yi yerleştirin. 137 F'ye ayarlayın. Sarımsak, limon kabuğu rendesi ve 1/4 bardak limon suyunu birleştirin. Yengeç etini, tereyağı ve limon karışımıyla birlikte vakumla kapatılabilen bir torbaya koyun. Su değiştirme yöntemiyle havayı serbest bırakın, torbayı kapatın ve su banyosuna daldırın. 50 dakika pişirin.

Zamanlayıcı durduktan sonra torbayı çıkarın ve bir kaseye aktarın. Pişirme suyunu atın. Yengeç etini kalan limon suyu, mayonez, rezene, dereotu, tuz ve karabiberle birleştirin. Servis yapmadan önce ruloları yengeç eti karışımıyla doldurun.

Limon Soslu Baharatlı Kömür Ahtapot

Hazırlık + Pişirme Süresi: 4 saat 15 dakika | Porsiyon: 4

İçindekiler

5 yemek kaşığı zeytinyağı

1 kiloluk ahtapot dokunaçları

Tatmak için tuz ve karabiber

2 yemek kaşığı limon suyu

1 yemek kaşığı limon kabuğu rendesi

1 yemek kaşığı kıyılmış taze maydanoz

1 çay kaşığı kekik

1 yemek kaşığı kırmızı biber

Talimatlar

Bir su banyosu hazırlayın ve içine Sous Vide'yi yerleştirin. 179 F'ye ayarlayın. Dokunaçları orta uzunlukta kesin. Tuz ve karabiberle tatlandırın. Uzunları zeytinyağıyla birlikte vakumlu bir torbaya koyun. Su değiştirme yöntemiyle havayı serbest bırakın, torbayı kapatın ve su banyosuna daldırın. 4 saat pişirin.

Zamanlayıcı durduktan sonra ahtapotu çıkarın ve mutfak havlusuyla kurulayın. Pişirme suyunu atın. Zeytinyağı serpin.

Izgarayı orta ateşte ısıtın ve dokunaçların her tarafını 10-15 saniye kızartın. Bir kenara koyun. Limon suyu, limon kabuğu rendesi, kırmızı biber, kekik ve maydanozu iyice birleştirin. Ahtapotun üzerine limon sosunu dökün.

Creole Karides Kabobs

Hazırlık + Pişirme Süresi: 50 dakika | Porsiyon: 4

İçindekiler

1 limonun kabuğu rendesi ve suyu

6 yemek kaşığı tereyağı

2 diş sarımsak, kıyılmış

Tatmak için tuz ve beyaz biber

1 yemek kaşığı Creole baharatı

1½ pound karides, geliştirilmiş

1 yemek kaşığı kıyılmış taze dereotu + garnitür için
limon dilimleri

Talimatlar

Bir su banyosu hazırlayın ve içine Sous Vide'yi yerleştirin. 137 F'ye
ayarlayın.

Orta ateşte bir tencerede tereyağını eritin ve sarımsak, Creole
baharatı, limon kabuğu rendesi ve suyu, tuz ve karabiberi ekleyin.
Tereyağı eriyene kadar 5 dakika pişirin. Bir kenara koyun ve
soğumaya bırakın.

Karidesleri tereyağ karışımıyla birlikte vakumlu bir torbaya koyun. Su değiştirme yöntemiyle havayı serbest bırakın, torbayı kapatın ve su banyosuna daldırın. 30 dakika pişirin.

Zamanlayıcı durduktan sonra karidesleri çıkarın ve mutfak havlusuyla kurulayın. Pişirme suyunu atın. Karidesleri kebapların üzerine geçirin ve dereotu ile süsleyip limon sıkıp servis yapın.

Baharatlı Soslu Karides

Hazırlık + Pişirme Süresi: 40 dakika + Soğutma Süresi | Porsiyon: 5

İçindekiler

2 kilo karides, ayrılmış ve soyulmuş

1 su bardağı domates püresi

2 yemek kaşığı yaban turpu sosu

1 çay kaşığı limon suyu

1 çay kaşığı Tabasco sosu

Tatmak için tuz ve karabiber

Talimatlar

Bir su banyosu hazırlayın ve içine Sous Vide'yi yerleştirin. 137 F'ye ayarlayın. Karidesleri vakumla kapatılabilen bir torbaya yerleştirin. Su değiştirme yöntemiyle havayı boşaltın, kapatın ve torbayı banyoya daldırın. 30 dakika pişirin.

Zamanlayıcı durduktan sonra torbayı çıkarın ve 10 dakika boyunca buzlu su banyosuna aktarın. 1-6 saat kadar buzdolabında soğumaya bırakın. Domates püresi, yaban turpu sosu, soya sosu, limon suyu, Tabasco sosu, tuz ve karabiberi iyice birleştirin. Karidesleri sosla birlikte servis edin.

Arpacık ve Tarhunlu Halibut

Hazırlık + Pişirme Süresi: 50 dakika | Porsiyon: 2

İçindekiler:

2 lb pisi balığı filetosu

3 dal tarhun yaprağı

1 çay kaşığı sarımsak tozu

1 çay kaşığı soğan tozu

Tatmak için tuz ve beyaz biber

2 ½ çay kaşığı + 2 çay kaşığı tereyağı

2 arpacık, soyulmuş ve yarıya bölünmüş

2 dal kekik

Süslemek için limon dilimleri

Talimatlar:

Bir su banyosu yapın, içine Sous Vide'yi yerleştirin ve 124 F'a ayarlayın. Halibut filetolarını 3 parçaya bölün ve tuz, sarımsak tozu, soğan tozu ve karabiberle ovalayın. Filetoları, tarhun ve 2 ½ çay kaşığı tereyağını 3 farklı vakumlu torbaya koyun. Suyun yer değiştirmesi yöntemiyle havayı boşaltın ve torbaları kapatın. Bunları su banyosuna koyun ve 40 dakika pişirin.

Zamanlayıcı durduğunda torbaları çıkarın ve mühürlerini açın. Tavayı kısık ateşte yerleştirin ve kalan tereyağını ekleyin. Isıtıldıktan sonra halibutların derisini çıkarın ve kurulayın. Arpacık soğanı ve kekikli halibutları ekleyin ve altını ve üstünü çıtır çıtır olana kadar kızartın. Limon dilimleriyle süsleyin. Yanında haşlanmış sebzelerle servis yapın.

Bitki Tereyağı Limon Morina

Hazırlık + Pişirme Süresi: 37 dakika | Porsiyon: 6

İçindekiler

8 yemek kaşığı tereyağı

6 morina filetosu

Tatmak için tuz ve karabiber

½ limon kabuğu rendesi

1 yemek kaşığı kıyılmış taze dereotu

½ yemek kaşığı kıyılmış taze frenk soğanı

½ yemek kaşığı kıyılmış taze fesleğen

½ yemek kaşığı kıyılmış taze adaçayı

Talimatlar

Bir su banyosu hazırlayın ve içine Sous Vide'yi yerleştirin. 134 F'ye ayarlayın. Morinaya tuz ve karabiber ekleyin. Morina ve limon kabuğu rendesini vakumlu bir torbaya koyun.

Ayrı bir vakumla kapatılabilir torbaya tereyağını, dereotunun yarısını, frenk soğanı, fesleğen ve adaçayı koyun. Suyun yer değiştirmesi yöntemiyle havayı boşaltın, kapatın ve her iki torbayı da su banyosuna daldırın. 30 dakika pişirin.

Zamanlayıcı durduktan sonra morinaları çıkarın ve mutfak havlusuyla kurulayın. Pişirme suyunu atın. Diğer torbadan tereyağını alıp morinanın üzerine dökün. Kalan dereotu ile süsleyin.

Beurre Nantais ile orfoz

Hazırlık + Pişirme Süresi: 45 dakika | Porsiyon: 6

İçindekiler:

<u>Gruplayıcı:</u>

2 lb'lik orfoz, her biri 3 parçaya bölünmüş

1 çay kaşığı kimyon tozu

½ çay kaşığı sarımsak tozu

½ çay kaşığı soğan tozu

½ çay kaşığı kişniş tozu

¼ bardak balık baharatı

¼ bardak pekan yağı

Tatmak için tuz ve beyaz biber

<u>Beurre Blanc:</u>

1 kilo tereyağı

2 yemek kaşığı elma sirkesi

2 arpacık soğan, kıyılmış

1 çay kaşığı karabiber, ezilmiş

5 oz ağır krema,

Tatmak için tuz

2 dal dereotu

1 yemek kaşığı limon suyu

1 yemek kaşığı safran tozu

Talimatlar:

Bir su banyosu yapın, içine Sous Vide'yi yerleştirin ve 132 F'ye ayarlayın. Orfoz parçalarına tuz ve beyaz biber ekleyin. Vakumla kapatılabilen bir torbaya yerleştirin, su değiştirme yöntemiyle havayı serbest bırakın, torbayı kapatın ve su banyosuna daldırın. Zamanlayıcıyı 30 dakikaya ayarlayın. Kimyon, sarımsak, soğan, kişniş ve balık baharatını karıştırın. Bir kenara koyun.

Bu arada beurre blanc'ı hazırlayın. Tavayı orta ateşe yerleştirin ve arpacık soğanı, sirke ve karabiberi ekleyin. Şurup elde edene kadar pişirin. Isıyı en aza indirin ve sürekli karıştırarak tereyağını ekleyin. Dereotu, limon suyu ve safran tozunu ekleyip sürekli karıştırarak 2 dakika pişirin. Kremayı ekleyin ve tuzla tatlandırın. 1 dakika pişirin. Isıyı kapatın ve bir kenara koyun.

Zamanlayıcı durduktan sonra torbayı çıkarın ve kapağını açın. Tavayı orta ateşe koyun, ceviz yağını ekleyin. Orfozu ve baharat karışımını baharatlayarak kurutun ve ısıtılmış yağda kızartın. Orfoz ve beurre nantais'i buharda pişirilmiş ıspanakla birlikte servis edin.

Ton Balığı Gevreği

Hazırlık + Pişirme Süresi: 1 saat 45 dakika | Porsiyon: 4

İçindekiler:

¼ lb ton balığı bifteği

1 çay kaşığı biberiye yaprağı

1 çay kaşığı kekik yaprağı

2 su bardağı zeytinyağı

1 diş sarımsak, kıyılmış

Talimatlar:

Bir su banyosu yapın, içine Sous Vide yerleştirin ve 135 F'a ayarlayın. Ton balığı bifteğini, tuzu, biberiyeyi, sarımsağı, kekiği ve iki yemek kaşığı yağı vakumla kapatılabilen torbaya koyun. Su değiştirme yöntemiyle havayı serbest bırakın, torbayı kapatın ve su banyosuna daldırın. Zamanlayıcıyı 1 saat 30 dakikaya ayarlayın.

Zamanlayıcı durduğunda torbayı çıkarın. Ton balığını bir kaseye koyun ve bir kenara koyun. Tavayı yüksek ateşe koyun, kalan zeytinyağını ekleyin. Isındıktan sonra ton balığının üzerine dökün. Ton balığını iki çatal kullanarak parçalayın. Bir haftaya kadar zeytinyağıyla birlikte hava geçirmez bir kapta aktarın ve saklayın. Salatalarda servis yapın.

Tereyağlı Deniz Tarağı

Hazırlık + Pişirme Süresi: 55 dakika | Porsiyon: 3

İçindekiler:

½ lb deniz tarağı

3 çay kaşığı tereyağı (2 çay kaşığı pişirmek için + 1 çay kaşığı kızartmak için)

Tatmak için tuz ve karabiber

Talimatlar:

Bir su banyosu yapın, içine Sous Vide'yi yerleştirin ve 140 F'ye ayarlayın. Bir kağıt havlu kullanarak tarakları kurulayın. Deniz tarağı, tuz, 2 yemek kaşığı tereyağı ve karabiberi vakumlu bir torbaya koyun. Su değiştirme yöntemiyle havayı boşaltın, torbayı kapatın ve su banyosuna daldırın ve zamanlayıcıyı 40 dakikaya ayarlayın.

Zamanlayıcı durduktan sonra torbayı çıkarın ve kapağını açın. Deniz taraklarını kağıt havluyla kurulayın ve bir kenara koyun. Tavayı orta ateşte ve kalan tereyağını ateşe koyun. Eridikten sonra deniz tarağının her iki tarafını da altın rengi oluncaya kadar kızartın. Tereyağlı karışık sebzelerin yanında servis yapın.

Naneli Sardalye

Hazırlık + Pişirme Süresi: 1 saat 20 dakika | Porsiyon: 3

İçindekiler:

2 kilo sardalya

¼ bardak zeytinyağı

3 diş sarımsak, ezilmiş

1 büyük limon, taze sıkılmış

2 dal taze nane

Tatmak için tuz ve karabiber

Talimatlar:

Her balığı yıkayıp temizleyin ancak derisini koruyun. Mutfak kağıdı kullanarak kurulayın.

Büyük bir kapta zeytinyağını sarımsak, limon suyu, taze nane, tuz ve karabiberle birleştirin. Sardalyaları, marinatla birlikte büyük, vakumlu bir torbaya koyun. 104 F sıcaklıkta bir saat su banyosunda pişirin. Banyodan çıkarın ve süzün ancak sosu saklayın. Balıkları sos ve buharda pişirilmiş pırasa ile gezdirin.

Beyaz Şarapta Çipura

Hazırlık + Pişirme Süresi: 2 saat | Porsiyon: 2

İçindekiler:

1 kiloluk çipura, yaklaşık 1 inç kalınlığında, temizlenmiş

1 su bardağı sızma zeytinyağı

1 limon, suyu sıkılmış

1 yemek kaşığı şeker

1 yemek kaşığı kurutulmuş biberiye

½ yemek kaşığı kurutulmuş kekik

2 diş sarımsak, ezilmiş

½ bardak beyaz şarap

1 çay kaşığı deniz tuzu

Talimatlar:

Zeytinyağını geniş bir kapta limon suyu, şeker, biberiye, kekik, ezilmiş sarımsak, şarap ve tuzla birleştirin. Balıkları bu karışıma batırın ve buzdolabında bir saat marine edin. Buzdolabından çıkarın ve boşaltın ancak sıvıyı servis için saklayın. Filetoları vakumla kapatılabilen büyük bir torbaya koyun ve kapatın. Sous Vide'yi 122 F'de 40 dakika pişirin. Kalan turşuyu filetoların üzerine gezdirin ve servis yapın.

Avokadolu Somon ve Kale Salatası

Hazırlık + Pişirme Süresi: 1 saat | Porsiyon: 3

İçindekiler:

1 kiloluk derisiz somon filetosu

Tatmak için tuz ve karabiber

½ organik limon, suyu sıkılmış

1 yemek kaşığı zeytinyağı

1 bardak lahana yaprağı, kıyılmış

½ bardak kavrulmuş havuç, dilimlenmiş

½ olgun avokado, küçük küpler halinde kesilmiş

1 yemek kaşığı taze dereotu

1 yemek kaşığı taze maydanoz yaprağı

Talimatlar:

Filetoyu her iki tarafına da tuz ve karabiber serpin ve vakumla kapatılabilen büyük bir torbaya koyun. Torbayı kapatın ve 122 F sıcaklıkta 40 dakika boyunca sous vide pişirin. Somonu su banyosundan çıkarın ve bir kenara koyun.

Bir karıştırma kabında limon suyu, bir tutam tuz ve karabiberi çırpın ve sürekli çırparak yavaş yavaş zeytinyağını ekleyin. Kıyılmış lahanayı ekleyin ve salata sosuyla eşit şekilde kaplayacak şekilde fırlatın. Kavrulmuş havuç, avokado, dereotu ve maydanozu ekleyin. Birleştirmek için yavaşça fırlatın. Servis kasesine aktarıp, üzerine somon balığı koyarak servis yapın.

Zencefilli Somon

Hazırlık + Pişirme Süresi: 45 dakika | Porsiyon: 4

İçindekiler:

4 adet derili somon filetosu

2 çay kaşığı susam yağı

1 ½ zeytinyağı

2 yemek kaşığı zencefil, rendelenmiş

2 yemek kaşığı şeker

Talimatlar:

Bir su banyosu yapın, içine Sous Vide'yi yerleştirin ve 124F'ye ayarlayın. Somonu tuz ve karabiberle tatlandırın. Listelenen diğer malzemeleri bir kaseye koyun ve karıştırın.

Somon ve şeker karışımını vakumla kapatılabilen iki torbaya koyun, su değiştirme yöntemiyle havayı boşaltın, torbayı kapatın ve su banyosuna daldırın. Zamanlayıcıyı 30 dakikaya ayarlayın.

Zamanlayıcı durduktan sonra torbayı çıkarın ve kapağını açın. Tavayı orta ateşe yerleştirin, altına bir parça parşömen kağıdı koyun ve önceden ısıtın. Somonu derisi aşağı bakacak şekilde ekleyin ve her birini 1 dakika kızartın. Tereyağlı brokolinin yanında servis yapın.

Taze Limon Suyunda Midye

Hazırlık + Pişirme Süresi: 40 dakika | Porsiyon: 2

İçindekiler:

1 kiloluk taze midye, sakalları çıkarılmış

1 orta boy soğan, soyulmuş ve ince doğranmış

Sarımsak karanfilleri, ezilmiş

½ su bardağı taze sıkılmış limon suyu

¼ bardak taze maydanoz, ince doğranmış

1 yemek kaşığı biberiye, ince doğranmış

2 yemek kaşığı zeytinyağı

Talimatlar:

Midyeleri limon suyu, sarımsak, soğan, maydanoz, biberiye ve zeytinyağıyla birlikte vakumlu büyük bir torbaya koyun. Sous Vide'yi 122 F'de 30 dakika pişirin. Yeşil salata ile servis yapın.

Otlarla Marine Edilmiş Ton Balığı Biftekleri

Hazırlık + Pişirme Süresi: 1 saat 25 dakika | Porsiyon: 5

İçindekiler:

2 pound ton balığı bifteği, yaklaşık 1 inç kalınlığında

1 çay kaşığı kurutulmuş kekik, öğütülmüş

1 çay kaşığı taze fesleğen, ince doğranmış

¼ bardak ince kıyılmış arpacık soğanı

2 yemek kaşığı taze maydanoz, ince doğranmış

1 yemek kaşığı taze dereotu, ince doğranmış

1 çay kaşığı taze rendelenmiş limon kabuğu rendesi

½ su bardağı susam

4 yemek kaşığı zeytinyağı

Tatmak için tuz ve karabiber

Talimatlar:

Ton balığı filetolarını soğuk akan suyun altında yıkayın ve mutfak kağıdıyla kurulayın. Bir kenara koyun.

Büyük bir kapta kekik, fesleğen, arpacık soğanı, maydanoz, dereotu, yağ, tuz ve karabiberi birleştirin. İyice karışana kadar karıştırın ve ardından biftekleri bu turşunun içinde bekletin. İyice kaplayın ve 30 dakika buzdolabında saklayın.

Biftekleri, marine ile birlikte büyük, vakumlu bir torbaya koyun. Havayı çıkarmak ve kapağı kapatmak için torbaya bastırın. 131 derecede 40 dakika Sous Vide'de pişirin.

Biftekleri poşetten çıkarın ve bir mutfak kağıdına aktarın. Yavaşça kurulayın ve otları çıkarın. Bir tavayı yüksek sıcaklıkta önceden ısıtın. Biftekleri susamda yuvarlayın ve tavaya aktarın. Her iki tarafını da 1'er dakika pişirip ocaktan alın.

Yengeç köftesi

Hazırlık + Pişirme Süresi: 65 dakika | Porsiyon: 4

İçindekiler:

1 kiloluk parça yengeç eti

1 su bardağı kırmızı soğan, ince doğranmış

½ su bardağı kırmızı biber, ince doğranmış

2 yemek kaşığı pul biber, ince doğranmış

1 yemek kaşığı kereviz yaprağı, ince doğranmış

1 yemek kaşığı maydanoz yaprağı, ince doğranmış

½ çay kaşığı tarhun, ince doğranmış

Damak tadınıza göre tuz ve karabiber

4 yemek kaşığı zeytinyağı

2 yemek kaşığı badem unu

3 yumurta, dövülmüş

Talimatlar:

2 yemek kaşığı zeytinyağını tavada ısıtıp soğanları ekleyin. Şeffaflaşana kadar karıştırarak kavurun ve doğranmış kırmızı biberi ve pul biberi ekleyin. Sürekli karıştırarak 5 dakika pişirin.

Büyük bir kaseye aktarın. Yengeç eti, kereviz, maydanoz, tarhun, tuz, karabiber, badem unu ve yumurta ekleyin. İyice karıştırın ve karışımı 2 inç çapında köfteler halinde kalıplayın. Köfteleri 2 vakumlu torbaya yavaşça bölün ve kapatın. Sous vide'de 122 F'de 40 dakika pişirin.

Kalan zeytinyağını yapışmaz bir ızgara tavasında yüksek ateşte ısıtın. Köfteleri su banyosundan çıkarın ve bir tavaya aktarın. Kısaca her iki tarafı da 3-4 dakika kızartılıp servis edilir.

Biber Kokuları

Hazırlık + Pişirme Süresi: 1 saat 15 dakika | Porsiyon: 5

İçindekiler:

1 pound taze kokular

½ su bardağı limon suyu

3 diş sarımsak, ezilmiş

1 çay kaşığı tuz

1 su bardağı sızma zeytinyağı

2 yemek kaşığı taze dereotu, ince doğranmış

1 yemek kaşığı frenk soğanı, kıyılmış

1 yemek kaşığı pul biber, öğütülmüş

Talimatlar:

Kokuları akan soğuk su altında durulayın ve boşaltın. Bir kenara koyun.

Büyük bir kapta zeytinyağını limon suyu, ezilmiş sarımsak, deniz tuzu, ince kıyılmış dereotu, kıyılmış frenk soğanı ve pul biberle birleştirin. Bu karışımın içine eriği koyun ve üzerini kapatın. 20 dakika buzdolabında bekletin.

Buzdolabından çıkarın ve marine ile birlikte büyük, vakumlu bir torbaya koyun. Sous vide'de 40 dakika boyunca 104 F sıcaklıkta pişirin. Su banyosundan çıkarın ve boşaltın ancak sıvıyı saklayın.

Büyük bir tavayı orta ateşte ısıtın. Kokuları ekleyin ve ters çevirerek 3-4 dakika kısaca pişirin. Ateşten alıp servis tabağına aktarın. Marine edip üzerine gezdirin ve hemen servis yapın.

Marine Edilmiş Yayın Balığı Filetosu

Hazırlık + Pişirme Süresi: 1 saat 20 dakika | Porsiyon: 3

İçindekiler:

1 pound yayın balığı filetosu

½ su bardağı limon suyu

½ su bardağı maydanoz yaprağı, ince doğranmış

2 diş sarımsak, ezilmiş

1 su bardağı soğan, ince doğranmış

1 yemek kaşığı taze dereotu, ince doğranmış

1 yemek kaşığı taze biberiye yaprağı, ince doğranmış

2 su bardağı taze sıkılmış elma suyu

2 yemek kaşığı Dijon hardalı

1 su bardağı sızma zeytinyağı

Talimatlar:

Büyük bir kapta limon suyu, maydanoz yaprağı, ezilmiş sarımsak, ince doğranmış soğan, taze dereotu, biberiye, elma suyu, hardal ve zeytinyağını birleştirin. İyice birleşene kadar birlikte çırpın. Filetoları bu karışıma batırın ve sıkı bir kapakla kapatın. 30 dakika buzdolabında bekletin.

Buzdolabından çıkarın ve 2 adet vakumla kapatılabilen torbaya koyun. Kapatın ve sous vide'de 122 F'ta 40 dakika pişirin. Çıkarın ve boşaltın; sıvıyı rezerve edin. Kendi sıvısıyla gezdirerek servis yapın.

Maydanozlu Limonlu Karides

Hazırlık + Pişirme Süresi: 35 dakika | Porsiyon: 4

İçindekiler:

12 büyük karides, soyulmuş ve ayrılmış

1 çay kaşığı tuz

1 çay kaşığı şeker

3 çay kaşığı zeytinyağı

1 defne yaprağı

1 dal maydanoz, doğranmış

2 yemek kaşığı limon kabuğu rendesi

1 yemek kaşığı limon suyu

Talimatlar:

Bir su banyosu yapın, içine Sous Vide'yi yerleştirin ve 156 F'ye ayarlayın. Bir kaseye karidesleri, tuzu ve şekeri ekleyin, karıştırın ve 15 dakika bekletin. Karidesleri, defne yaprağını, zeytinyağını ve limon kabuğu rendesini vakumlu bir torbaya koyun. Su değiştirme yöntemiyle havayı serbest bırakın ve kapatın. Banyoya daldırın ve 10 dakika pişirin. Zamanlayıcı durduğunda torbayı çıkarın ve kapağını açın. Karidesleri yiyin ve üzerine limon suyu gezdirin.

Sous Vide Halibut

Hazırlık + Pişirme Süresi: 1 saat 20 dakika | Porsiyon: 4

İçindekiler:

1 kiloluk halibut filetosu

3 yemek kaşığı zeytinyağı

¼ bardak arpacık soğanı, ince doğranmış

1 çay kaşığı taze rendelenmiş limon kabuğu rendesi

½ çay kaşığı kurutulmuş kekik, öğütülmüş

1 yemek kaşığı taze maydanoz, ince doğranmış

1 çay kaşığı taze dereotu, ince doğranmış

Tatmak için tuz ve karabiber

Talimatlar:

Balıkları soğuk akan su altında yıkayın ve bir mutfak kağıdıyla kurulayın. İnce dilimler halinde kesin, üzerine bolca tuz ve karabiber serpin. Vakumla kapatılabilen büyük bir torbaya koyun ve iki yemek kaşığı zeytinyağı ekleyin. Arpacık soğanı, kekik, maydanoz, dereotu, tuz ve karabiberle tatlandırın.

Havayı çıkarmak ve kapağı kapatmak için torbaya bastırın. Tüm filetoları baharatlarla kaplamak için torbayı sallayın ve pişirmeden önce 30 dakika buzdolabında saklayın. Sous vide'de 131 F'de 40 dakika pişirin.

Torbayı sudan çıkarın ve bir süre soğumaya bırakın. Mutfak kağıdına yerleştirip suyunu süzün. Otları çıkarın.

Kalan yağı büyük bir tavada yüksek sıcaklıkta önceden ısıtın. Filetoları ekleyip 2 dakika pişirin. Filetoları çevirin ve yaklaşık 35-40 saniye pişirin ve ardından ocaktan alın. Balıkları tekrar kağıt havluya aktarın ve fazla yağını alın. Derhal servis yapın.

Limon Tereyağı Tabanı

Hazırlık + Pişirme Süresi: 45 dakika | Porsiyon: 3

İçindekiler:

3 tek fileto

1 ½ yemek kaşığı tuzsuz tereyağı

¼ bardak limon suyu

½ çay kaşığı limon kabuğu rendesi

Tatmak için limon biberi

Süslemek için 1 dal maydanoz

Talimatlar:

Bir su banyosu yapın, içine Sous Vide'yi yerleştirin ve 132 F'ye ayarlayın. Tabanı hafifçe kurulayın ve 3 ayrı vakumla kapatılabilir torbaya yerleştirin. Suyun yer değiştirmesi yöntemiyle havayı boşaltın ve torbaları kapatın. Su banyosuna daldırın ve zamanlayıcıyı 30 dakikaya ayarlayın.

Küçük bir tavayı orta ateşe koyun, tereyağını ekleyin. Eridikten sonra ocaktan alın. Limon suyu ve limon kabuğu rendesini ekleyip karıştırın.

Zamanlayıcı durduktan sonra torbayı çıkarın ve kapağını açın. Filetoları servis tabaklarına aktarın, üzerine tereyağlı sosu gezdirin ve maydanozla süsleyin. Yanında buharda pişirilmiş yeşil sebzelerle servis yapın.

Fesleğenli Morina Yahni

Hazırlık + Pişirme Süresi: 50 dakika | Porsiyon: 4

İçindekiler:

1 kiloluk morina filetosu

1 su bardağı ateşte kavrulmuş domates

1 yemek kaşığı fesleğen, kurutulmuş

1 su bardağı balık suyu

2 yemek kaşığı domates salçası

3 kereviz sapı, ince doğranmış

1 havuç, dilimlenmiş

¼ bardak zeytinyağı

1 soğan, ince doğranmış

½ bardak düğme mantarı

Talimatlar:

Zeytinyağını büyük bir tavada, orta ateşte ısıtın. Kereviz, soğan ve havuç ekleyin. 10 dakika karıştırarak kızartın. Ateşten alın ve diğer malzemelerle birlikte vakumla kapatılabilen bir torbaya aktarın. Sous vide'de 122 F'de 40 dakika pişirin.

Kolay Tilapya

Hazırlık + Pişirme Süresi: 1 saat 10 dakika | Porsiyon: 3

İçindekiler

3 (4 ons) tilapia filetosu

3 yemek kaşığı tereyağı

1 yemek kaşığı elma sirkesi

Tatmak için tuz ve karabiber

Talimatlar:

Bir su banyosu yapın, içine Sous Vide'yi yerleştirin ve 124 F'a ayarlayın. Tilapia'yı biber ve tuzla tatlandırın ve vakumla kapatılabilen bir torbaya yerleştirin. Su değiştirme yöntemiyle havayı boşaltın ve torbayı kapatın. Su banyosuna daldırın ve zamanlayıcıyı 1 saate ayarlayın.

Zamanlayıcı durduktan sonra torbayı çıkarın ve kapağını açın. Tavayı orta ateşe alıp tereyağını ve sirkeyi ekleyin. Sirkeyi yarı yarıya azaltmak için sürekli karıştırarak pişirin. Tilapia'yı ekleyin ve hafifçe kızartın. İsteğe göre tuz ve karabiber serpin. Tereyağlı sebzelerin yanında servis yapın.

Kuşkonmazlı Somon

Hazırlık + Pişirme Süresi: 3 saat 15 dakika | Porsiyon: 6

İçindekiler:

1 pound yabani somon filetosu

1 yemek kaşığı zeytinyağı

1 yemek kaşığı kurutulmuş kekik

12 orta boy kuşkonmaz mızrağı

4 adet beyaz soğan halkası

1 yemek kaşığı taze maydanoz

Tatmak için tuz ve karabiber

Talimatlar:

Filetoyu her iki tarafına kekik, tuz ve karabiberle tatlandırın ve hafifçe zeytinyağıyla fırçalayın.

Diğer malzemelerle birlikte vakumla kapatılabilen büyük bir kaba yerleştirin. Tüm baharatları bir karıştırma kabında birleştirin. Karışımı bifteğin her iki tarafına eşit şekilde sürün ve büyük, vakumlu bir torbaya koyun. Torbayı kapatın ve sous vide'de 136 F'de 3 saat pişirin.

Körili Uskumru

Hazırlık + Pişirme Süresi: 55 dakika | Porsiyon: 3

İçindekiler:

3 uskumru filetosu, kafaları çıkarılmış
3 yemek kaşığı köri ezmesi
1 yemek kaşığı zeytinyağı
Tatmak için tuz ve karabiber

Talimatlar:

Bir su banyosu yapın, içine Sous Vide'yi yerleştirin ve 120 F'a ayarlayın. Uskumruyu biber ve tuzla tatlandırın ve vakumla kapatılabilen bir torbaya koyun. Su değiştirme yöntemiyle havayı serbest bırakın, kapatın ve su banyosuna daldırın ve zamanlayıcıyı 40 dakikaya ayarlayın.

Zamanlayıcı durduktan sonra torbayı çıkarın ve kapağını açın. Tavayı orta ateşe koyun, zeytinyağı ekleyin. Uskumruyu köri tozuyla kaplayın (uskumruyu kurulamayın)

Isıtıldıktan sonra uskumruyu ekleyin ve altın rengi kahverengi olana kadar kızartın. Yanında buharda pişirilmiş yeşil yapraklı sebzelerle servis yapın.

Biberiye Kalamar

Hazırlık + Pişirme Süresi: 1 saat 15 dakika | Porsiyon: 3

İçindekiler:

1 pound taze kalamar, bütün

½ su bardağı sızma zeytinyağı

1 yemek kaşığı pembe Himalaya tuzu

1 yemek kaşığı kurutulmuş biberiye

3 diş sarımsak, ezilmiş

3 adet kiraz domates, ikiye bölünmüş

Talimatlar:

Her kalamar akan suyun altında iyice durulayın. Keskin bir soyma bıçağı kullanarak kafaları çıkarın ve her bir kalamar temizleyin.

Büyük bir kapta zeytinyağını tuz, kurutulmuş biberiye, kiraz domates ve ezilmiş sarımsakla birleştirin. Kalamarları bu karışıma batırın ve 1 saat buzdolabında bekletin. Daha sonra çıkarın ve boşaltın. Kalamar ve kiraz domatesleri vakumla kapatılabilen büyük bir torbaya koyun. 136 F'de bir saat boyunca sous vide pişirin.

Kızarmış Limonlu Karides

Hazırlık + Pişirme Süresi: 50 dakika | Porsiyon: 3

İçindekiler:

1 pound karides, soyulmuş ve ayrılmış

3 yemek kaşığı zeytinyağı

½ su bardağı taze sıkılmış limon suyu

1 diş sarımsak, ezilmiş

1 çay kaşığı taze biberiye, ezilmiş

1 çay kaşığı deniz tuzu

Talimatlar:

Zeytinyağını limon suyu, ezilmiş sarımsak, biberiye ve tuzla birleştirin. Bir mutfak fırçası kullanarak karışımı her karidesin üzerine yayın ve vakumla kapatılabilen büyük bir torbaya koyun. Sous vide'de 104 F'de 40 dakika pişirin.

Ahtapot Izgara

Hazırlık + Pişirme Süresi: 5 saat 20 dakika | Porsiyon: 3

İçindekiler:

½ lb orta boy ahtapot dokunaçları, beyazlatılmış

Tatmak için tuz ve karabiber

3 yemek kaşığı + 3 yemek kaşığı zeytinyağı

2 çay kaşığı kurutulmuş kekik

2 dal taze maydanoz, doğranmış

Buz banyosu için buz

Talimatlar:

Bir su banyosu yapın, içine Sous Vide'yi yerleştirin ve 171 F'ye ayarlayın.

Ahtapot, tuz, 3 çay kaşığı zeytinyağı ve karabiberi vakumlu bir torbaya koyun. Su değiştirme yöntemiyle havayı serbest bırakın, kapatın ve torbayı su banyosuna daldırın. Zamanlayıcıyı 5 saate ayarlayın.

Zamanlayıcı durduktan sonra torbayı çıkarın ve üzerini buz banyosuna koyun. Bir kenara koyun. Bir ızgarayı önceden ısıtın.

Izgara ısındıktan sonra ahtapotu bir tabağa aktarın, 3 yemek kaşığı zeytinyağını ekleyip masaj yapın. Ahtapotun her iki tarafının güzelce kızarması için ızgarada pişirin. Ahtapotu servis edin ve maydanoz ve kekikle süsleyin. Tatlı, baharatlı bir sosla servis yapın.

Yabani Somon Biftek

Hazırlık + Pişirme Süresi: 1 saat 25 dakika | Porsiyon: 4

İçindekiler:

2 kilo yabani somon bifteği

3 diş sarımsak, ezilmiş

1 yemek kaşığı taze biberiye, ince doğranmış

1 yemek kaşığı taze sıkılmış limon suyu

1 yemek kaşığı taze sıkılmış portakal suyu

1 çay kaşığı portakal kabuğu rendesi

1 çay kaşığı pembe Himalaya tuzu

1 su bardağı balık suyu

Talimatlar:

Portakal suyunu limon suyu, biberiye, sarımsak, portakal kabuğu rendesi ve tuzla birleştirin. Karışımı her bifteğin üzerine fırçalayın ve 20 dakika buzdolabında saklayın. Vakumla kapatılabilen büyük bir torbaya aktarın ve balık suyunu ekleyin. Torbayı kapatın ve sous vide'de 131 F'de 50 dakika pişirin.

Büyük, yapışmaz bir ızgara tavasını önceden ısıtın. Biftekleri vakumlu torbadan çıkarın ve her iki tarafı da hafifçe kızarana kadar 3 dakika ızgara yapın.

Tilapya Yahnisi

Hazırlık + Pişirme Süresi: 65 dakika | Porsiyon: 3

İçindekiler:

1 kiloluk tilapia filetosu

½ bardak soğan, ince doğranmış

1 su bardağı havuç, ince doğranmış

½ bardak kişniş yaprağı, ince doğranmış

3 diş sarımsak, ince doğranmış

1 su bardağı yeşil biber, ince doğranmış

1 çay kaşığı İtalyan baharat karışımı

1 çay kaşığı acı biber

½ çay kaşığı pul biber

1 su bardağı taze domates suyu

Tatmak için tuz ve karabiber

3 yemek kaşığı zeytinyağı

Talimatlar:

Zeytinyağını orta ateşte ısıtın. Doğranmış soğanları ekleyin ve şeffaflaşana kadar karıştırarak kavurun.

Şimdi dolmalık biber, havuç, sarımsak, kişniş, İtalyan baharat karışımı, kırmızı biber, kırmızı biber, tuz ve karabiber ekleyin. İyice karıştırın ve on dakika daha pişirin.

Ateşten alın ve domates suyu ve tilapia filetosu ile birlikte vakumla kapatılabilen büyük bir torbaya aktarın. Sous vide'de 122 F'de 50 dakika pişirin. Su banyosundan çıkarın ve servis yapın.

Karabiberli Tereyağlı Kokteyller

Hazırlık + Pişirme Süresi: 1 saat 30 dakika | Porsiyon: 2

İçindekiler:

4 oz konserve kırışıklar

¼ bardak sek beyaz şarap

1 adet doğranmış kereviz sapı

1 adet doğranmış yaban havucu

1 dörde bölünmüş arpacık soğanı

1 defne yaprağı

1 yemek kaşığı karabiber

1 yemek kaşığı zeytinyağı

8 yemek kaşığı tereyağı, oda sıcaklığında

1 yemek kaşığı kıyılmış taze maydanoz

2 diş sarımsak, kıyılmış

Tatmak için tuz

1 çay kaşığı taze çekilmiş karabiber

¼ bardak panko galeta unu

1 baget, dilimlenmiş

Talimatlar:

Bir su banyosu hazırlayın ve içine Sous Vide'yi yerleştirin. 154 F'ye ayarlayın. Kabukları, arpacık soğanlarını, kerevizi, yabani havuçları, şarabı, karabiberleri, zeytinyağını ve defne yaprağını vakumlu bir torbaya koyun. Su değiştirme yöntemiyle havayı serbest bırakın, torbayı kapatın ve su banyosuna daldırın. 60 dakika pişirin.

Bir blender kullanarak tereyağını, maydanozu, tuzu, sarımsağı ve karabiberi dökün. Birleştirilene kadar orta hızda karıştırın. Karışımı plastik bir torbaya koyun ve yuvarlayın. Buzdolabına taşıyın ve soğumaya bırakın.

Zamanlayıcı durduktan sonra salyangozu ve sebzeleri çıkarın. Pişirme suyunu atın. Bir tavayı yüksek ateşte ısıtın. Köftelerin üzerine tereyağı sürün, üzerine biraz galeta unu serpin ve eriyene kadar 3 dakika pişirin. Sıcak baget dilimleri ile servis yapın.

Kişniş Alabalık

Hazırlık + Pişirme Süresi: 60 dakika | Porsiyon: 4

İçindekiler:

2 kilo alabalık, 4 adet

5 diş sarımsak

1 yemek kaşığı deniz tuzu

4 yemek kaşığı zeytinyağı

1 su bardağı kişniş yaprağı, ince doğranmış

2 yemek kaşığı biberiye, ince doğranmış

¼ su bardağı taze sıkılmış limon suyu

Talimatlar:

Balıkları güzelce temizleyip durulayın. Bir mutfak kağıdıyla kurulayın ve tuzla ovalayın. Sarımsakları zeytinyağı, kişniş, biberiye ve limon suyuyla birleştirin. Karışımı her balığı doldurmak için kullanın. Ayrı, vakumla kapatılabilen torbalara yerleştirin ve kapatın. Sous Vide'de 131 F'de 45 dakika pişirin.

Kalamar Yüzükleri

Hazırlık + Pişirme Süresi: 1 saat 25 dakika | Porsiyon: 3

İçindekiler:

2 bardak kalamar halkası
1 yemek kaşığı taze biberiye
Tatmak için tuz ve karabiber
½ su bardağı zeytinyağı

Talimatlar:

Kalamar halkalarını biberiye, tuz, karabiber ve zeytinyağıyla büyük, temiz bir plastik torbada birleştirin. Torbayı kapatın ve iyice kaplanması için birkaç kez sallayın. Vakumla kapatılabilen büyük bir kaba aktarın ve torbayı kapatın. Sous vide'de 131 F'de 1 saat 10 dakika pişirin. Su banyosundan çıkarın ve servis yapın.

Biberli Karides ve Avokado Salatası

Hazırlık + Pişirme Süresi: 45 dakika | Porsiyon: 4

İçindekiler:

1 doğranmış kırmızı soğan

2 limonun suyu

1 çay kaşığı zeytinyağı

¼ çay kaşığı deniz tuzu

⅛ çay kaşığı beyaz biber

1 kiloluk çiğ karides, soyulmuş ve ayrılmış

1 adet doğranmış domates

1 doğranmış avokado

1 yeşil biber, çekirdeği çıkarılmış ve doğranmış

1 yemek kaşığı kıyılmış kişniş

Talimatlar:

Bir su banyosu hazırlayın ve içine Sous Vide'yi yerleştirin. 148 F'ye ayarlayın.

Limon suyunu, kırmızı soğanı, deniz tuzunu, beyaz biberi, zeytinyağını ve karidesleri vakumlu bir torbaya koyun. Su değiştirme yöntemiyle havayı serbest bırakın, torbayı kapatın ve su banyosuna daldırın. 24 dakika pişirin.

Zamanlayıcı durduktan sonra torbayı çıkarın ve 10 dakika boyunca buzlu su banyosuna aktarın. Bir kapta domates, avokado, yeşil biber ve kişnişi birleştirin. Torbanın içeriğini üstüne dökün.

Narenciye Safran Soslu Tereyağlı Kırmızı Snapper

Hazırlık + Pişirme Süresi: 55 dakika | Porsiyon: 4

İçindekiler

4 adet temizlenmiş kırmızı balığı

2 yemek kaşığı tereyağı

Tatmak için tuz ve karabiber

<u>Narenciye Sosu için</u>

1 limon

1 greyfurt

1 limon

3 portakal

1 çay kaşığı Dijon hardalı

2 yemek kaşığı kanola yağı

1 sarı soğan

1 adet doğranmış kabak

1 çay kaşığı safran ipi

1 çay kaşığı doğranmış biber

1 yemek kaşığı şeker

3 su bardağı balık suyu

3 yemek kaşığı kıyılmış kişniş

Talimatlar

Bir su banyosu hazırlayın ve içine Sous Vide'yi yerleştirin. 132 F'ye ayarlayın. Snapper filetolarına tuz ve karabiber serpin ve vakumla kapatılabilen bir torbaya koyun. Su değiştirme yöntemiyle havayı serbest bırakın, torbayı kapatın ve su banyosuna daldırın. 30 dakika pişirin.

Meyveleri soyun ve küp şeklinde doğrayın. Yağı bir tavada orta ateşte ısıtın ve soğanı ve kabakları koyun. 2-3 dakika soteleyin. Meyveleri, safranı, biberi, hardalı ve şekeri ekleyin. 1 dakika daha pişirin. Balık suyunu karıştırın ve 10 dakika pişirin. Kişniş ile süsleyin ve bir kenara koyun. Zamanlayıcı durduktan sonra balığı çıkarın ve bir tabağa aktarın. Narenciye-safran sosuyla süsleyip servis yapın.

Susam Kabuklu Morina Fileto

Hazırlık + Pişirme Süresi: 45 dakika | Porsiyon: 2

İçindekiler

1 büyük morina filetosu

2 yemek kaşığı susam ezmesi

1½ yemek kaşığı esmer şeker

2 yemek kaşığı balık sosu

2 yemek kaşığı tereyağı

Susam taneleri

Talimatlar

Bir su banyosu hazırlayın ve içine Sous Vide'yi yerleştirin. 131 F'ye ayarlayın.

Morina balığını esmer şeker, susam ezmesi ve balık sosu karışımıyla ıslatın. Vakumla kapatılabilen bir torbaya yerleştirin. Su değiştirme yöntemiyle havayı serbest bırakın, torbayı kapatın ve su banyosuna daldırın. 30 dakika pişirin. Orta ateşte bir tavada tereyağını eritin.

Zamanlayıcı durduktan sonra morinaları çıkarın, tavaya aktarın ve 1 dakika boyunca kızartın. Bir tabağa servis yapın. Pişirme suyunu tavaya dökün ve azalıncaya kadar pişirin. 1 yemek kaşığı tereyağını

ekleyip karıştırın. Morinanın üzerine sos sürün ve susamla süsleyin.
Pirinçle servis yapın.

Ispanak ve Hardal Soslu Kremalı Somon

Hazırlık + Pişirme Süresi: 55 dakika | Porsiyon: 2

BENmalzemeler

4 derisiz somon filetosu

1 büyük demet ıspanak

½ bardak Dijon hardalı

1 bardak ağır krema

1 su bardağı yarım buçuk krema

1 yemek kaşığı limon suyu

Tatmak için tuz ve karabiber

Talimatlar

Bir su banyosu hazırlayın ve içine Sous Vide'yi yerleştirin. 115 F'ye ayarlayın. Tuzla tatlandırılmış somonu vakumlu bir torbaya koyun. Su değiştirme yöntemiyle havayı serbest bırakın, torbayı kapatın ve su banyosuna daldırın. 45 dakika pişirin.

Tencereyi orta ateşte ısıtın ve ıspanakları yumuşayıncaya kadar pişirin. Isıyı düşürün ve limon suyunu, karabiberi ve tuzu dökün.

Pişirmeye devam et. Bir tencereyi orta ateşte ısıtın ve yarım buçuk krema ile Dijon hardalını birleştirin. Isıyı düşürün ve pişirin. Tuz ve karabiberle tatlandırın. Zamanlayıcı durduktan sonra somonu çıkarın ve bir tabağa aktarın. Sosla gezdirin. Ispanakla servis yapın.

Taze Salata ile Kırmızı Biber Tarağı

Hazırlık + Pişirme Süresi: 55 dakika | Porsiyon: 4

İçindekiler

1 kiloluk tarak

1 çay kaşığı sarımsak tozu

½ çay kaşığı soğan tozu

½ çay kaşığı kırmızı biber

¼ çay kaşığı acı biber

Tatmak için tuz ve karabiber

<u>salata</u>

3 su bardağı mısır tanesi

½ pint yarıya bölünmüş kiraz domates

1 adet küp küp doğranmış kırmızı biber

2 yemek kaşığı kıyılmış taze maydanoz

<u>Pansuman</u>

1 yemek kaşığı taze fesleğen

1 dörde bölünmüş limon

Talimatlar

Bir su banyosu hazırlayın ve içine Sous Vide'yi yerleştirin. 122 F'ye ayarlayın.

Deniz taraklarını vakumla kapatılabilen bir torbaya koyun. Tuz ve karabiberle tatlandırın. Bir kapta sarımsak tozu, kırmızı biber, soğan tozu ve kırmızı biberi birleştirin. İçine dökün. Su değiştirme yöntemiyle havayı serbest bırakın, torbayı kapatın ve su banyosuna daldırın. 30 dakika pişirin.

Bu arada fırını önceden 400 F'ye ısıtın. Bir fırın tepsisine mısır tanelerini ve kırmızı biberi koyun. Zeytinyağı serpip tuz ve karabiberle tatlandırın. 5-10 dakika pişirin. Bir kaseye aktarıp maydanozla karıştırın. Bir kasede sos malzemelerini iyice karıştırıp mısır tanelerinin üzerine dökün.

Zamanlayıcı durduktan sonra torbayı çıkarın ve sıcak bir tavaya aktarın. Her iki tarafını da 2'şer dakika kızartın. Bir tabakta, deniz taraklarında ve salatada servis yapın. Fesleğen ve limon dilimiyle süsleyin.

Mangolu Şımarık Deniz Tarağı

Hazırlık + Pişirme Süresi: 50 dakika | Porsiyon: 4

İçindekiler

1 pound büyük tarak

1 yemek kaşığı tereyağı

<u>Sos</u>

1 yemek kaşığı limon suyu

2 yemek kaşığı zeytinyağı

<u>Garnitür</u>

1 yemek kaşığı limon kabuğu rendesi

1 yemek kaşığı portakal kabuğu rendesi

1 bardak doğranmış mango

1 ince dilimlenmiş Serrano biberi

2 yemek kaşığı kıyılmış nane yaprağı

Talimatlar

Deniz taraklarını vakumla kapatılabilen bir torbaya koyun. Tuz ve karabiberle tatlandırın. Bütün gece buzdolabında soğumaya bırakın. Bir su banyosu hazırlayın ve içine Sous Vide'yi yerleştirin. 122 F'ye ayarlayın. Su değiştirme yöntemiyle havayı boşaltın, kapatın ve torbayı su banyosuna daldırın. 15-35 dakika pişirin.

Bir tavayı orta ateşte ısıtın. Bir kapta sos malzemelerini iyice birleştirin. Zamanlayıcı durduktan sonra tarakları çıkarın ve tavaya aktarın ve kızarana kadar kızartın. Bir tabakta servis yapın. Sosu serpip garnitür malzemelerini ekleyin.

Hardal Soslu Pırasa ve Karides

Hazırlık + Pişirme Süresi: 1 saat 20 dakika | Porsiyon: 4

BENmalzemeler

6 pırasa

5 yemek kaşığı zeytinyağı

Tatmak için tuz ve karabiber

1 arpacık soğanı, kıyılmış

1 yemek kaşığı pirinç sirkesi

1 çay kaşığı Dijon hardalı

1/3 kiloluk pişmiş defne karidesi

Kıyılmış taze maydanoz

Talimatlar

Bir su banyosu hazırlayın ve içine Sous Vide'yi yerleştirin. 183 F'ye ayarlayın.

Pırasanın üst kısmını kesip alt kısımlarını çıkarın. Soğuk suyla yıkayıp 1 yemek kaşığı zeytinyağı serpin. Tuz ve karabiberle tatlandırın. Vakumla kapatılabilen bir torbaya yerleştirin. Su değiştirme yöntemiyle havayı serbest bırakın, torbayı kapatın ve su banyosuna daldırın. 1 saat pişirin.

Bu arada salata sosu için bir kasede arpacık soğanı, Dijon hardalı, sirke ve 1/4 bardak zeytinyağını birleştirin. Tuz ve karabiberle tatlandırın. Zamanlayıcı durduktan sonra torbayı çıkarın ve buzlu su banyosuna aktarın. Soğutmaya izin verin. Pırasaları 4 tabağa koyun ve tuzlayın. Karidesleri ekleyin ve salata sosunu gezdirin. Maydanozla süsleyin.

Hindistan Cevizli Karides Çorbası

Hazırlık + Pişirme Süresi: 55 dakika | Porsiyon: 6

İçindekiler

8 büyük çiğ karides, soyulmuş ve damarları alınmış

1 yemek kaşığı tereyağı

Tatmak için tuz ve karabiber

<u>Çorba için</u>

1 kiloluk kabak

4 yemek kaşığı limon suyu

2 sarı soğan, doğranmış

1-2 küçük kırmızı biber, ince doğranmış

1 limon otu sapının sadece beyaz kısmı, doğranmış

1 çay kaşığı karides ezmesi

1 çay kaşığı şeker

1½ su bardağı hindistan cevizi sütü

1 çay kaşığı demirhindi ezmesi

1 bardak su

½ su bardağı hindistan cevizi kreması

1 yemek kaşığı balık sosu

2 yemek kaşığı taze fesleğen, doğranmış

Talimatlar

Bir su banyosu hazırlayın ve içine Sous Vide'yi yerleştirin. 142 F'ye ayarlayın. Karides ve tereyağını vakumla kapatılabilen bir torbaya koyun. Tuz ve karabiberle tatlandırın. Su değiştirme yöntemiyle havayı serbest bırakın, torbayı kapatın ve su banyosuna daldırın. 15-35 dakika pişirin.

Bu arada kabakları soyun ve çekirdeklerini atın. Küp şeklinde doğrayın. Bir mutfak robotuna soğanı, limon otunu, kırmızı biberi, karides ezmesini, şekeri ve 1/2 bardak hindistan cevizi sütünü ekleyin. Püre haline gelene kadar karıştırın.

Bir güveci kısık ateşte ısıtın ve soğan karışımını, kalan hindistancevizi sütünü, demirhindi ezmesini ve suyu birleştirin. Kabak ekleyin ve 10 dakika pişirin.

Zamanlayıcı durduğunda karidesleri çıkarın ve çorbaya aktarın. Hindistan cevizi kremasını, limon suyunu ve fesleğenleri çırpın. Çorba kaselerinde servis yapın.

Soba Noodle'lı Ballı Somon

Hazırlık + Pişirme Süresi: 40 dakika | Porsiyon: 4

İçindekiler

Somon

6 oz. somon filetosu, derisi alınmış

Tatmak için tuz ve karabiber

1 çay kaşığı susam yağı

1 su bardağı zeytinyağı

1 yemek kaşığı taze zencefil, rendelenmiş

2 yemek kaşığı bal

Susam Sobası

4 ons kuru soba eriştesi

1 yemek kaşığı üzüm çekirdeği yağı

2 diş sarımsak, doğranmış

½ karnabahar başı

3 yemek kaşığı tahin

1 çay kaşığı susam yağı

2 çay kaşığı zeytinyağı

¼ suyu sıkılmış limon

1 adet dilimlenmiş sap yeşil soğan

¼ bardak kişniş, kabaca doğranmış

1 çay kaşığı kızarmış haşhaş tohumu

Garnitür için limon dilimleri

Garnitür için susam tohumları

2 yemek kaşığı kişniş, doğranmış

Talimatlar

Bir su banyosu hazırlayın ve içine Sous Vide'yi yerleştirin. 123 F'ye ayarlayın. Somonu tuz ve karabiberle tatlandırın. Bir kapta susam yağı, zeytinyağı, zencefil ve balı birleştirin. Somonu ve karışımı vakumlu bir torbaya koyun. İyi çalkala. Su değiştirme yöntemiyle havayı serbest bırakın, torbayı kapatın ve su banyosuna daldırın. 20 dakika pişirin.

Bu arada soba eriştelerini hazırlayın. Üzüm çekirdeği yağını bir tavada yüksek ateşte ısıtın ve karnabaharı ve sarımsağı 6-8 dakika karıştırarak kızartın. Bir kapta tahin, zeytinyağı, susam yağı, limon suyu, kişniş, yeşil soğan ve kavrulmuş susam tohumlarını iyice birleştirin. Erişteleri süzün ve karnabaharın üzerine ekleyin.

Bir tavayı yüksek ateşte ısıtın. Pişirme kağıdı tabakasıyla örtün. Zamanlayıcı durduktan sonra somonu çıkarın ve tavaya aktarın. 1 dakika kadar kızartın. Erişteleri iki kasede servis edin ve somonu ekleyin. Limon dilimleri, haşhaş tohumu ve kişniş ile süsleyin.

Mayonezli Gurme Istakoz

Hazırlık + Pişirme Süresi: 40 dakika | Porsiyon: 2

İçindekiler

2 ıstakoz kuyruğu

1 yemek kaşığı tereyağı

2 tatlı soğan, doğranmış

3 yemek kaşığı mayonez

Tatmak için tuz

Bir tutam karabiber

2 çay kaşığı limon suyu

Talimatlar

Bir su banyosu hazırlayın ve içine Sous Vide'yi yerleştirin. 138 F'ye ayarlayın.

Bir tencerede suyu kaynayana kadar yüksek ateşte ısıtın. Istakoz kuyruklarının kabuklarını açın ve suya daldırın. 90 saniye pişirin. Buzlu su banyosuna aktarın. 5 dakika soğumaya bırakın. Kabukları kırın ve kuyruklarını çıkarın.

Kuyrukları tereyağlı, vakumlu bir torbaya koyun. Su değiştirme yöntemiyle havayı serbest bırakın, torbayı kapatın ve su banyosuna daldırın. 25 dakika pişirin.

Zamanlayıcı durduktan sonra kuyrukları çıkarın ve kurulayın. Kenara oturun. 30 dakika soğumaya bırakın. Bir kapta mayonezi, tatlı soğanı, biberi ve limon suyunu birleştirin. Kuyrukları doğrayın, mayonez karışımına ekleyin ve iyice karıştırın. Kızarmış ekmekle servis yapın.

Parti Karides Kokteyli

Hazırlık + Pişirme Süresi: 40 dakika | Porsiyon: 2

İçindekiler

1 kiloluk karides, soyulmuş ve ayrılmış

Tatmak için tuz ve karabiber

4 yemek kaşığı taze dereotu, doğranmış

1 yemek kaşığı tereyağı

4 yemek kaşığı mayonez

2 yemek kaşığı yeşil soğan, kıyılmış

2 çay kaşığı taze sıkılmış limon suyu

2 çay kaşığı domates püresi

1 yemek kaşığı tabasco sosu

4 dikdörtgen akşam yemeği rulosu

8 yaprak marul

½ limon, dilimler halinde dilimlenmiş

Talimatlar

Bir su banyosu hazırlayın ve içine Sous Vide'yi yerleştirin. 149 F'ye ayarlayın. Baharat için mayonezi, yeşil soğanı, limon suyunu, domates püresini ve Tabasco sosunu iyice birleştirin. Tuz ve karabiberle tatlandırın.

Karidesleri ve baharatları vakumlu bir torbaya koyun. Her pakete 1 yemek kaşığı dereotu ve 1/2 yemek kaşığı tereyağı ekleyin. Su değiştirme yöntemiyle havayı serbest bırakın, torbayı kapatın ve su banyosuna daldırın. 15 dakika pişirin.

Fırını önceden 400 F'ye ısıtın ve akşam yemeği rulolarını 15 dakika pişirin. Zamanlayıcı durduktan sonra torbayı çıkarın ve boşaltın. Karidesleri sosla birlikte bir kaseye koyun ve iyice karıştırın. Marul rulolarının üzerine limonla servis yapın.

Otlu Limon Somonu

Hazırlık + Pişirme Süresi: 45 dakika | Porsiyon: 2

İçindekiler

2 derisiz somon filetosu

Tatmak için tuz ve karabiber

¾ bardak sızma zeytinyağı

1 arpacık soğanı, ince halkalar halinde dilimlenmiş

1 yemek kaşığı fesleğen yaprağı, hafifçe doğranmış

1 çay kaşığı yenibahar

3 ons karışık yeşillik

1 limon

Talimatlar

Bir su banyosu hazırlayın ve içine Sous Vide'yi yerleştirin. 128 F'ye ayarlayın.

Somonu vakumlu bir torbaya koyun ve tuz ve karabiberle tatlandırın. Arpacık soğanı halkalarını, zeytinyağını, yenibaharı ve fesleğeni ekleyin. Su değiştirme yöntemiyle havayı serbest bırakın, torbayı kapatın ve su banyosuna daldırın. 25 dakika pişirin.

Zamanlayıcı durduktan sonra torbayı çıkarın ve somonu bir tabağa aktarın. Pişirme suyunu biraz limon suyuyla ve somon filetolarının üst kısmıyla karıştırın. Sert.

Tuzlu Tereyağlı Istakoz Kuyrukları

Hazırlık + Pişirme Süresi: 1 saat 10 dakika | Porsiyon: 2

İçindekiler

8 yemek kaşığı tereyağı

2 ıstakoz kuyruğu, kabukları çıkarılmış

2 dal taze tarhun

2 yemek kaşığı adaçayı

Tatmak için tuz

limon dilimleri

Talimatlar

Bir su banyosu hazırlayın ve içine Sous Vide'yi yerleştirin. 134 F'ye ayarlayın.

Istakoz kuyruklarını, tereyağını, tuzu, adaçayı ve tarhunu vakumlu bir torbaya koyun. Su değiştirme yöntemiyle havayı serbest bırakın, torbayı kapatın ve su banyosuna daldırın. 60 dakika pişirin.

Zamanlayıcı durduktan sonra torbayı çıkarın ve ıstakozu bir tabağa aktarın. Üzerine tereyağı serpin. Limon dilimleriyle süsleyin.

Karnabahar ve Yumurtalı Erişte ile Tay Somonu

Hazırlık + Pişirme Süresi: 55 dakika | Porsiyon: 2

İçindekiler

2 derili somon filetosu

Tatmak için tuz ve karabiber

1 yemek kaşığı zeytinyağı

4½ yemek kaşığı soya sosu

2 yemek kaşığı kıyılmış taze zencefil

2 ince dilimlenmiş Tay Chilis

6 yemek kaşığı susam yağı

4 oz. hazırlanmış yumurtalı erişte

6 ons pişmiş karnabahar çiçeği

5 çay kaşığı susam

Talimatlar

Bir su banyosu hazırlayın ve içine Sous Vide'yi yerleştirin. 149 F'ye ayarlayın. Alüminyum folyoyla kaplı bir fırın tepsisi hazırlayın ve somonu koyun, tuz ve karabiberle tatlandırın ve üzerini başka bir alüminyum levhayla örtün. Fırında 30 dakika pişirin.

Pişmiş somonu vakumla kapatılabilen bir torbaya çıkarın. Su değiştirme yöntemiyle havayı serbest bırakın, torbayı kapatın ve su banyosuna daldırın. 8 dakika pişirin.

Bir kapta zencefil, kırmızı biber, 4 yemek kaşığı soya sosu ve 4 yemek kaşığı susam yağını karıştırın. Zamanlayıcı durduğunda torbayı çıkarın ve somonu erişte kasesine aktarın. Kızartılmış tohumlar ve somon derisiyle süsleyin. Zencefil-biber sosunu serpip servis yapın.

Dereotlu Light Levrek

Hazırlık + Pişirme Süresi: 35 dakika | Porsiyon: 3

İçindekiler

1 pound Şili levreği, derisiz

1 yemek kaşığı zeytinyağı

Tatmak için tuz ve karabiber

1 yemek kaşığı dereotu

Talimatlar

Bir su banyosu hazırlayın ve içine Sous Vide'yi yerleştirin. 134 F'ye ayarlayın. Levreklere tuz ve karabiber serpin ve vakumlu bir torbaya koyun. Dereotu ve zeytinyağını ekleyin. Su değiştirme yöntemiyle havayı serbest bırakın, torbayı kapatın ve su banyosuna daldırın. 30 dakika pişirin. Zamanlayıcı durduktan sonra poşeti çıkarın ve levreği bir tabağa aktarın.

Sweet Chili Karides Tavada Kızartma

Hazırlık + Pişirme Süresi: 40 dakika | Porsiyon: 6

İçindekiler

1½ kiloluk karides

3 adet kurutulmuş kırmızı biber

1 yemek kaşığı rendelenmiş zencefil

6 diş sarımsak, ezilmiş

2 yemek kaşığı şampanya şarabı

1 yemek kaşığı soya sosu

2 çay kaşığı şeker

½ çay kaşığı mısır nişastası

3 yeşil soğan, doğranmış

Talimatlar

Bir su banyosu hazırlayın ve içine Sous Vide'yi yerleştirin. 135 F'ye ayarlayın.

Zencefil, diş sarımsak, kırmızı biber, şampanya şarabı, şeker, soya sosu ve mısır nişastasını birleştirin. Soyulmuş karidesleri karışımla birlikte vakumlu bir torbaya koyun. Su değiştirme yöntemiyle havayı serbest bırakın, kapatın ve su banyosuna daldırın. 30 dakika pişirin.

Yeşil soğanları orta ateşte bir tavaya koyun. Yağı ekleyin ve 20 saniye pişirin. Zamanlayıcı durduktan sonra pişmiş karidesleri çıkarın ve bir kaseye aktarın. Soğanla süsleyin. Pirinçle servis yapın.

Meyveli Tay Karides

Hazırlık + Pişirme Süresi: 25 dakika | Porsiyon: 4

İçindekiler

2 pound karides, soyulmuş ve ayrılmış

4 adet soyulmuş ve rendelenmiş papaya

2 arpacık, dilimlenmiş

¾ bardak kiraz domates, yarıya bölünmüş

2 yemek kaşığı fesleğen, doğranmış

¼ bardak kızarmış kuru tava fıstık

Tay Giyinme

¼ bardak limon suyu

6 yemek kaşığı şeker

5 yemek kaşığı balık sosu

4 diş sarımsak

4 küçük kırmızı biber

Talimatlar

Bir su banyosu hazırlayın ve içine Sous Vide'yi yerleştirin. 135 F'ye ayarlayın. Karidesleri vakumlu bir torbaya koyun. Su değiştirme yöntemiyle havayı serbest bırakın, torbayı kapatın ve su banyosuna daldırın. 15 dakika pişirin. Bir kapta limon suyunu, balık sosunu ve şekeri iyice birleştirin. Sarımsakları ve biberleri ezin. Pansuman karışımına ekleyin.

Zamanlayıcı durduktan sonra karidesleri torbadan çıkarın ve bir kaseye aktarın. Papaya, Tay fesleğen, arpacık soğan, domates ve yer fıstığını ekleyin. Pansumanla cilalayın.

Dublin Usulü Limonlu Karides Yemeği

Hazırlık + Pişirme Süresi: 1 saat 15 dakika | Porsiyon: 4

İçindekiler

4 yemek kaşığı tereyağı

2 yemek kaşığı limon suyu

2 diş taze sarımsak, kıyılmış

1 çay kaşığı taze limon kabuğu rendesi

Tatmak için tuz ve karabiber

1 kiloluk jumbo karides, soyulmuş ve damarları alınmış

½ bardak panko galeta unu

1 yemek kaşığı taze maydanoz, kıyılmış

Talimatlar

Bir su banyosu hazırlayın ve içine Sous Vide'yi yerleştirin. 135 F'ye ayarlayın.

3 yemek kaşığı tereyağını orta ateşte bir tavada ısıtın ve limon suyu, tuz, karabiber, sarımsak ve kabuğu ekleyin. 5 dakika soğumaya bırakın. Karidesleri ve karışımı vakumlu bir torbaya koyun. Su değiştirme yöntemiyle havayı serbest bırakın, torbayı kapatın ve su banyosuna daldırın. 30 dakika pişirin.

Bu arada, orta ateşte bir tavada tereyağını ısıtın ve panko ekmek kırıntılarını kızartın. Zamanlayıcı durduktan sonra karidesleri çıkarın ve yüksek ateşte bir güveç kabına aktarın ve pişirme suyuyla birlikte pişirin. 4 çorba kasesinde servis yapın ve üzerine ekmek kırıntılarını ekleyin.

Acı Sarımsak Soslu Sulu Deniz Tarağı

Hazırlık + Pişirme Süresi: 75 dakika | Porsiyon: 2

İçindekiler

2 yemek kaşığı sarı köri tozu

1 yemek kaşığı domates salçası

½ su bardağı hindistan cevizi kreması

1 çay kaşığı biber sarımsak sosu

1 yemek kaşığı limon suyu

6 deniz tarağı

Servis için pişmiş kahverengi pirinç

Taze kişniş, doğranmış

Talimatlar

Bir su banyosu hazırlayın ve içine Sous Vide'yi yerleştirin. 134 F'ye ayarlayın.

Hindistan cevizi kremasını, domates salçasını, köri tozunu, limon suyunu ve biber-sarımsak sosunu birleştirin. Karışımı taraklarla birlikte vakumlu bir torbaya koyun. Su değiştirme yöntemiyle havayı serbest bırakın, torbayı kapatın ve su banyosuna daldırın. 60 dakika pişirin.

Zamanlayıcı durduktan sonra torbayı çıkarın ve bir tabağa aktarın. Kahverengi pirinci servis edin ve üzerine tarak ekleyin. Kişniş ile süsleyin.

Erişteli Körili Karides

Hazırlık + Pişirme Süresi: 25 dakika | Porsiyon: 2

İçindekiler

1 kiloluk karides, kuyruğu açık

8 oz erişte erіştesi, pişirilmiş ve süzülmüş

1 çay kaşığı pirinç şarabı

1 çay kaşığı köri tozu

1 yemek kaşığı soya sosu

1 yeşil soğan, dilimlenmiş

2 yemek kaşığı bitkisel yağ

Talimatlar

Bir su banyosu hazırlayın ve içine Sous Vide'yi yerleştirin. 149 F'ye ayarlayın. Karidesleri vakumlu bir torbaya koyun. Su değiştirme yöntemiyle havayı serbest bırakın, torbayı kapatın ve su banyosuna daldırın. 15 dakika pişirin.

Yağı bir tavada orta ateşte ısıtın ve pirinç şarabı, köri tozu ve soya sosunu ekleyin. İyice karıştırıp erişteleri birleştirin. Zamanlayıcı durduğunda karidesleri çıkarın ve erişte karışımına aktarın. Yeşil soğanla süsleyin.

Maydanozlu Tuzlu Kremalı Morina

Hazırlık + Pişirme Süresi: 40 dakika | Porsiyon: 6

İçindekiler

<u>Morina için</u>

6 morina filetosu

Tatmak için tuz

1 yemek kaşığı zeytinyağı

3 dal taze maydanoz

<u>Sos için</u>

1 bardak beyaz şarap

1 su bardağı yarım buçuk krema

1 ince doğranmış beyaz soğan

2 yemek kaşığı dereotu, doğranmış

2 çay kaşığı karabiber

Talimatlar

Bir su banyosu hazırlayın ve içine Sous Vide'yi yerleştirin. 148 F'ye ayarlayın.

Tuzlu morina filetolarını vakumla kapatılabilen torbalara koyun. Zeytinyağı ve maydanozu ekleyin. Su değiştirme yöntemiyle havayı serbest bırakın, torbayı kapatın ve su banyosuna daldırın. 30 dakika pişirin.

Bir tencereyi orta ateşte ısıtın, şarabı, soğanı ve karabiberi ekleyin ve suyunu çekene kadar pişirin. Yarım buçuk kremayı koyulaşana kadar karıştırın. Zamanlayıcı durduktan sonra balığı tabağa koyun ve üzerine sos gezdirin.

Somonlu Fransız Pot de Rillettes

Hazırlık + Pişirme Süresi: 2 saat 30 dakika | Porsiyon: 2

İçindekiler

Yarım kilo somon filetosu, derisi alınmış

1 çay kaşığı deniz tuzu

6 yemek kaşığı tereyağı

1 soğan, doğranmış

1 diş sarımsak, kıyılmış

1 yemek kaşığı limon suyu

Talimatlar

Bir su banyosu hazırlayın ve içine Sous Vide'yi yerleştirin. 130 F'ye ayarlayın. Somonu, tuzsuz tereyağını, deniz tuzunu, sarımsak dişlerini, soğanı ve limon suyunu vakumla kapatılabilen bir torbaya koyun. Su değiştirme yöntemiyle havayı serbest bırakın, torbayı kapatın ve su banyosuna daldırın. 20 dakika pişirin.

Zamanlayıcı durduktan sonra somonu çıkarın ve 8 küçük kaseye aktarın. Pişirme suyuyla tatlandırın. Buzdolabında 2 saat soğumaya bırakın. Tost ekmeği dilimleri ile servis yapın.

Hindistan Cevizli Patates Püresi ile Adaçayı Somonu

Hazırlık + Pişirme Süresi: 1 saat 30 dakika | Porsiyon: 2

İçindekiler

2 somon filetosu, derisi alınmış

2 yemek kaşığı zeytinyağı

2 dal adaçayı

4 diş sarımsak

3 patates, soyulmuş ve doğranmış

¼ bardak hindistan cevizi sütü

1 demet gökkuşağı pazı

1 yemek kaşığı rendelenmiş zencefil

1 yemek kaşığı soya sosu

Tatmak için deniz tuzu

Talimatlar

Bir su banyosu hazırlayın ve içine Sous Vide'yi yerleştirin. 122 F'ye ayarlayın. Somonu, adaçayı, sarımsağı ve zeytinyağını vakumlu bir torbaya koyun. Su değiştirme yöntemiyle havayı serbest bırakın, torbayı kapatın ve su banyosuna daldırın. 1 saat pişirin.

Fırını 375 F'ye ısıtın. Patatesleri yağla fırçalayın ve 45 dakika pişirin. Patatesleri blendera aktarın ve hindistancevizi sütünü ekleyin. Tuz ve karabiberle tatlandırın. Pürüzsüz hale gelinceye kadar 3 dakika karıştırın.

Zeytinyağını orta ateşte bir tavada ısıtın ve zencefil, pazı ve soya sosunu soteleyin.

Zamanlayıcı durduktan sonra somonu çıkarın ve sıcak bir tavaya aktarın. 2 dakika kadar kızartın. Bir tabağa aktarın, patates püresini ekleyin ve üzerine kömür ekleyerek servis yapın.

Dereotu Bebek Ahtapot Kase

Hazırlık + Pişirme Süresi: 60 dakika | Porsiyon: 4

İçindekiler

1 kiloluk bebek ahtapot

1 yemek kaşığı zeytinyağı

1 yemek kaşığı taze sıkılmış limon suyu

Tatmak için tuz ve karabiber

1 yemek kaşığı dereotu

Talimatlar

Bir su banyosu hazırlayın ve içine Sous Vide'yi yerleştirin. 134 F'ye ayarlayın. Ahtapotu vakumla kapatılabilen bir torbaya yerleştirin. Su değiştirme yöntemiyle havayı serbest bırakın, torbayı kapatın ve su banyosuna daldırın. 50 dakika pişirin. Zamanlayıcı durduktan sonra ahtapotu çıkarın ve kurulayın. Ahtapotu biraz zeytinyağı ve limon suyuyla karıştırın. Tuz, karabiber ve dereotu ile tatlandırın.

Hollandaise Soslu Tuzlu Somon

Hazırlık + Pişirme Süresi: 1 saat 50 dakika | Porsiyon: 4

BENmalzemeler

4 somon filetosu

Tatmak için tuz

hollandez sosu

4 yemek kaşığı tereyağı

1 yumurta sarısı

1 çay kaşığı limon suyu

1 çay kaşığı su

½ doğranmış arpacık soğanı

Bir tutam kırmızı biber

Talimatlar

Somonu tuzla baharatlayın. 30 dakika soğumaya bırakın. Bir su banyosu hazırlayın ve içine Sous Vide'yi yerleştirin. 148 F'ye ayarlayın. Tüm sos malzemelerini vakumla kapatılabilen bir torbaya koyun. Su değiştirme yöntemiyle havayı serbest bırakın, torbayı kapatın ve su banyosuna daldırın. 45 dakika pişirin.

Zamanlayıcı durduğunda torbayı çıkarın. Bir kenara koyun. Sous Vide'ın sıcaklığını 120 F'ye düşürün ve somonu vakumla kapatılabilen bir torbaya koyun. Su değiştirme yöntemiyle havayı serbest bırakın, torbayı kapatın ve su banyosuna daldırın. 30 dakika pişirin. Sosu bir karıştırıcıya aktarın ve açık sarı olana kadar karıştırın. Zamanlayıcı durduktan sonra somonu çıkarın ve kurulayın. Üzerine sos serperek servis yapın.

Fesleğenli Muhteşem Limon Somonu

Hazırlık + Pişirme Süresi: 35 dakika | Porsiyon: 4

İçindekiler

2 kilo somon

2 yemek kaşığı zeytinyağı

1 yemek kaşığı kıyılmış fesleğen

1 limon kabuğu rendesi ve

1 limonun suyu

¼ çay kaşığı sarımsak tozu

Tatmak için deniz tuzu ve karabiber

Talimatlar

Bir su banyosu hazırlayın ve içine Sous Vide'yi yerleştirin. 115 F'ye ayarlayın. Somonu vakumla kapatılabilen bir torbaya koyun. Su değiştirme yöntemiyle havayı serbest bırakın, torbayı kapatın ve su banyosuna daldırın. 30 dakika pişirin.

Bu arada bir kapta biber, tuz, fesleğen, limon suyu ve sarımsak tozunu emülsifiye olana kadar iyice birleştirin. Zamanlayıcı durduktan sonra somonu çıkarın ve bir tabağa aktarın. Pişirme sularını ayırın. Zeytinyağını bir tavada yüksek ateşte ısıtın ve sarımsak dilimlerini soteleyin. Sarımsakları bir kenara koyun. Somonu tavaya koyun ve altın rengi olana kadar 3 dakika pişirin. Tabaklayıp üstüne sarımsak dilimlerini koyun.

Somon ve Kuşkonmazlı Yumurta Lokmaları

Hazırlık + Pişirme Süresi: 70 dakika | Porsiyon: 6

İçindekiler

6 bütün yumurta

¼ fincan kremalı fraiche

¼ bardak keçi peyniri

4 sap kuşkonmaz

2 ons füme somon

2 ons chèvre peyniri

½ ons kıyılmış arpacık soğanı

2 çay kaşığı doğranmış, taze dereotu

Tatmak için tuz ve karabiber

Talimatlar

Bir su banyosu hazırlayın ve içine Sous Vide'yi yerleştirin. 172 F'ye ayarlayın. Yumurtaları, kremayı, keçi peynirini ve tuzu karıştırın. Kuşkonmazı küp küp doğrayıp arpacık soğanla birlikte karışıma ekleyin. Somonu da kesip kaseye ekleyin. Dereotu ekleyin. İyi birleştirin.

Yumurta ve somon karışımını 6 kavanoza ekleyin. Kavanozlara 1/6 şev ekleyin, kapatın ve kavanozları su banyosuna daldırın. 60 dakika pişirin. Zamanlayıcı durduktan sonra kavanozları çıkarın ve üzerine tuz ekleyin.

Sarımsaklı Hardal Karides

Hazırlık + Pişirme Süresi: 2 saat 45 dakika | Porsiyon: 2

İçindekiler

½ çay kaşığı sarı hardal tohumu

¼ çay kaşığı kereviz tohumu

½ çay kaşığı kırmızı biber gevreği

½ çay kaşığı kişniş tohumu

½ çay kaşığı rezene tohumu

¾ bardak zeytinyağı

½ su bardağı taze sıkılmış limon suyu

4 yemek kaşığı pirinç sirkesi

Tatmak için tuz ve karabiber

1 defne yaprağı

1 yemek kaşığı Eski Körfez Baharatı

2 diş sarımsak, çok ince dilimlenmiş

1 kiloluk karides

½ sarı soğan, ince dilimler halinde kesilmiş

Talimatlar

Bir su banyosu hazırlayın ve içine Sous Vide'yi yerleştirin. 149 F'ye ayarlayın.

Bir tencereyi orta ateşte ısıtın ve hardal tohumlarını, kırmızı pul biberi, kerevizi, rezeneyi ve kişniş tohumlarını kızartın. Patlayana kadar pişirin. Bir kenara koyun ve soğumaya bırakın.

Bir konserve kavanozuna zeytinyağı, limon suyu, kavrulmuş baharatlar, karabiber, pirinç sirkesi, defne yaprağı, diş sarımsak ve baharatları dökün. Kavanozları kapatın ve su banyosuna batırın. 30 dakika pişirin.

Zamanlayıcı durduktan sonra kavanozları çıkarın ve 5 dakika soğumaya bırakın. Soğutma için buzlu su banyosuna aktarın. Servis yapmadan önce 2 saat buzdolabına koyun.